JN055121

草舟言行録

SOSYU'S LOGOS

II

人間の運命

執行草舟

SHIGYO SOSYU

実業之日本社

まえがき

本書は、人間の運命についての、私の行なった四つの講演を基にして上梓されたものである。この四篇は、それぞれが私の中心思想をなす項目ばかりと言っていいだろう。その一つひとつを、私は自己の持てる限りの力を振り絞って公の場で語ったものとなっている。一つひとつに私の思い出が沁み込んでいる講演の記録となる。その熱量を再現して、読者の方々に届けたい一心で、本書をまとめ上げたと言える。

その私の熱量を汲み取って下されば、本書を世に問うた私の意志は叶えられたことになる。そして、それこそが読者と私との真の交流となるに違いないのだ。読書とは、読者と著者の対話に他ならない。それが私の持論でもある。そのことが充分に達成された書物が本書だと言えるだろう。それは人間の運命という、誰もが逃れられない主題を扱っているからだ。読者にも運命があり、私にも運命がある。その二つの運命の対話こそが本書の命となっているのだ。

私は、自己の運命だけを生き抜いて来た。七十二年の人生のすべてを、自己の運命とだけ語り合って来たのだ。そして運命に翻弄され、自己の運命に苛《さいな》まれ続けて来たと言ってもいい。しかし、私は自己の運命を嫌ったことは一度もなかった。どんな時にも、自己に与えられた運命を愛して来たと言い切ることが出来る。少なくとも、愛そうと努力し続け、その結果、何とか愛することも出来たと言うことかもしれない。

だからこそ、私は人間の運命について語る資格があるのだと思う。私の人生は、敗北の連続だった。しかし、それを悔いたことは全くない。この世において、魂の価値を大切にする者は、必ず現世という世間に揉まれることは分かり切っていることだからだ。私はむしろ、自己の人生における苦悩と敗北を誇りとしているのだ。そのことによって、私は本当の自分の運命を、真に愛する人間となれたのだと思っている。

人間に与えられた運命というものを愛さなければならない。それによって、人間は自己の運命も愛することが出来るようになるのだ。私が他者に自慢できることは、いかなる逆境においても、私は自己の運命を愛し続けて来た男だということに尽きる。そのゆえに、私は運命に生きることが、真に人間の生命の豊かさを招くと断言できる。そのことを、本書の中に見出してほしい。それを見出すために私と対話をしてほしいのだ。

人間のもつ運命ほど、面白いものはこの世にはない。それは大宇宙を包含している。自己の運命が分かれば、人間は大宇宙の神秘を自己の体内に引き寄せることが出来る。人間の偉大な文明の仕組みを、その本質から理解することも出来るだろう。すべてのものが、人間の運命によって創られたのである。だから、我々人間の存在の中には、この世のすべてが詰め込まれている。自己の運命を本当に愛するようになれば、その者は偉大な人類の運命と繋がることが出来るのだ。
　本書によって、人間の運命に内在する不可思議なるものを摑んでいただきたい。そして、自己の運命に生きる人間となっていただきたい。真の自己の人生を手に入れるために。いつの日か、私と運命論を語り合おうではないか。そのような日を楽しみにしている。運命論ほど楽しいものはない。是非に、読者諸氏の運命観を聞きたいと思っている。

令和五年六月吉日

執行草舟

目次

1 真の人間とは何か

対談

（井口潔＆執行草舟）

2 運命と骨力

3 人間の感化力について

座談会

（井口潔&白駒妃登美&執行草舟）

4 運命に生きる

質疑応答

装幀　水戸部 功
校正　山本 和之
ＤＴＰ　株式会社 千秋社

1

真の人間とは何か

本篇前半はＮＰＯ法人「ヒトの教育の会」主催の著者の講演を、後半は同日ともに講演を行なった同会理事長で九州大学名誉教授・井口潔氏との対談を掲載しています。

肉体と精神を支えるもの

今日は「真の人間とは何か」というテーマでお話をしたいと思います。今回、九州大学名誉教授の井口潔*先生のお招きで、このような名誉ある九州大学医学部百年講堂でお話し出来ることをとても嬉しく思っています。まずは御礼を申し上げます。

さて現代の日本は、これまでに経た歴史の過程によって、人間とは何かということが誤解されて成立している社会となってしまいました。古来より、自分と仲間を大切に思い、人間としてどう生きるべきかを追求することは、我々が人間たらんとする以上は当然のことでした。しかしながら、それでは何のために人間は自他を労わるのかという問題が先にあり、また何に捧げるために我々の身体はあるのかという問題があるのです。現代社会は、その捧げる対象を、ある時期から見誤ってしまったということを今回の主題とします。

現代を生きる我々にも人間として正しく生きたい、人間としての真価を発揮したいと思う心は誰しもが持っているはずです。しかし、最初に「正しい人間」とは何かということが分かっていなければ、真の人間を目指そうとするせっかくの努力も徒労に終わってしまいます。では真の人間とは何かということです。結論としては、この人間というものは、各々が独自の運命を持っており、その自分独自の運命を生きなければならない存在だということなのです。

初めに、現人間の成り立ちについて話していきたいと思います。人間は肉体と呼ばれる物質と、精神と呼ばれる魂のエネルギーによって創られています。このことは、誰もがご存知のことと思います。我々は肉体と、魂のエネルギーによって創られている、それがまず人間だということを、重大な項目として覚えて頂きたい。だから、肉体と魂が分離してしまったら、人間はもはや人間ではなくなってしまうのです。

そして、その肉体は動物としての機能によって活動しています。一方精神は、宇宙の秩序を具現化するために働いているのです。これが、古来からの人間の定義であり、人間を形作っているものなのです。肉体が動物としての機能を果たすことは、周知の事実だと思います。これに対して精神というのは、肉体の中に入ってはいますが、実際には宇宙の秩序を顕現するために存在しているのです。

私の尊敬する、九州大学医学部の教授であり、「ヒトの教育の会」理事長でもある井口潔先生も仰っていますが、井口先生の言葉で言うとそれは「心的エネルギー」というものです。そういうものが、人間を人間たらしめている。それが無くなったら、その瞬間に人間ではなくなってしまいます。今言ったように、精神は、宇宙の秩序を具現化するために働いているのです。この宇宙の秩序というのは、つまりは愛と犠牲的精神のことを言っています。自分の命よりも大切なものがあるというのが、人間の精神の最も重要な項目なのです。

そして、生き物全般の生命力は、宇宙に遍満する「負のエネルギー」によって支えられています。我々の生命というのは、肉体も含めて、宇宙に遍満している負のエネルギーを受け取ることによって動いているのです。この「負のエネルギー」は、科学では計測不能の生命力です。それによって我々は動いている。もちろん、単純に物理的な身体の機能を維持するという点において、我々は通常の食事もするわけですが、それだけでは、身体の動きに秩序は与えられないのです。

この負のエネルギーとは、人間を含めた生命体には作り出すことは出来ないものです。我々は遍満する宇宙のエネルギーを受け取っているのです。この宇宙エネルギーは、現代の科学ではまだ計測することが出来ませんが、宗教においては、既にこのエネルギーの存在は認識されていました。仏教やキリスト教などの大宗教では、負のエネルギーの存在が分かっていたのです。例えば仏教には「微塵」という言葉があり、私の尊敬するキリスト者であるテイヤール・ド・シャルダン*という人は、「精神的量子」という言葉を用いました。計測不能の微細な粒子です。それが我々の生命を支えているものなのです。

負のエネルギーは、生命力の付与に加えて、多くの宇宙的実在を維持発展させるための、魂と呼ばれる負の価値を有しています。この負の価値というのは、愛や信や義、そして死のエネルギーのことです。そして動物の中では、地球上の人間にだけ作用するエネルギーとなっているのです。ですから、自分たちに与えられたこの特殊性を、人間はもっと重要視しなければならない。

これまでの歴史上、学者も含めて多くの宗教家たちが言っていたものは、ほとんどこの「精神的量子」と呼ばれる心的エネルギーのことなのです。一般的には魂と呼ばれています。この魂の存在こそが最も重要です。

我々の肉体を底辺で支え動かすエネルギーも、魂と呼ばれるエネルギーも、同じ負のエネルギーであることには違いありません。そのエネルギーを分かりやすく段階に分けたとすると、肉体を動かしているエネルギーというのは、魂のエネルギーよりも一段落ちるのです。すべての生物の生命の基礎を形成しているもので、大事なものには違いありません。しかし程度から言うと、低いエネルギーに属します。一方、我々の「精神的エネルギー」、「精神的量子」である愛、信、義などは、エネルギーの粒子がより細かく、密度がとても濃い。とても細かいということは、金属や宝石などと同様、より質が高く、高貴ということです。

愛が宇宙の中心にある

私は、オーストリアの物理学者エルヴィン・シュレディンガー*という人物が好きなのですが、シュレディンガーは、その『生命とは何か』という本の中で、我々の生命は、そのすべてが負のエントロピーを食べて生きているということを書いています。シュレディンガーは、波動方程式などで知られる、量子力学の確立に多大な貢献をした有名な学者です。そのような人が、こう言っている。

宇宙にはエントロピーの法則、正式には「熱力学第二法則」という力が働いています。これは、すべての有形物は無限の崩壊過程に向かっている、つまり形あるものはすべて崩れ去るということであり、これが宇宙唯一の真実だと言われています。ところがその中で生命だけは、エントロピーの法則に抗することが出来るとシュレディンガーが言っているのです。負のエントロピーを食べるということは、マイナスのエントロピーという意味ですから、正のエントロピー、つまり崩壊に向かう力に抗っていると。そしてそれが生命の価値であると言っています。

そして、肉体よりももっと負のエントロピーが強いのが、人間の魂、精神構造だということなのです。なぜかと言えば、肉体を動かしている負のエネルギーよりも、もっと微細で高密度なエネルギーだからです。これらのことから「生命とは肉体と精神が滅び去ることに抵抗する何ものかである」ということが言えると思います。この「何ものか」にあたるのが負のエネルギーということです。

その負のエネルギーの中でも特に、精神的量子以上に極微細な粒子に対して、私は「絶対負」と名付けています。そして、その代表的なエネルギーこそが、愛のエネルギーなのです。私は、愛のエネルギーというのは、宇宙を覆う根源的なエネルギーだと考えています。ここから考えを進め、宇宙というものが重力と斥力《せきりょく》のバランスによって成り立っていることを考えたとき、その宇宙を覆う根源的なエネルギーである愛も、同様に重力と斥力のバランスのように成り立っていることが分かります。つまり、求心力と遠心力のせめぎ合いこそが愛の根源なのです。これが小さな規模で形を変えて地球上で営まれているのが、男女の恋や愛の関係です。ただ、男女の愛も本当に深い所に行けば、男と女が愛し合うことそのものによって、宇宙の根源まで行き着くことが出来るのです。それほど愛の力にはすごいものがあります。

生命というのは、つまりは抵抗と反骨なのです。抵抗と反骨ということは、絶え間ない革命、革新を意味します。そして、その結果としての収縮と言っていい。こういった考え方は、現代においては特殊なものだと思われがちですが、実は人間の根本的な価値なのです。現代社会においては、良い人や良い子、表面的な優しさがもてはやされますが、そういったものは、実は人間という生命にとっては、非常に価値の低いものなのです。本当は反骨や革命、そういうものの方が価値が高い。

肉体は食物によって成長し、魂は宇宙エネルギーを吸収することによって進化発展をしていきます。この魂を司っている宇宙エネルギーが愛の力であり、宇宙の犠牲的精神です。犠牲的な秩序と言えます。愛の最も簡単な形というのは、今話した重力と斥力つまり求心力と遠心力の関係です。星は重力によって生まれます。星は燃焼していき、最後には爆発して粉々になって星雲になります。その粉々になって出来た星雲の物質が徐々に重力によって集まり、再び星が形成されていく。それを繰り返しているのが宇宙、銀河の世界なのです。

そして、この繰り返しを「愛」と呼ぶのです。だから、愛というのは自己犠牲だということなのです。星も自分が生き、最後に死ぬことによって、自分の材料が次の新しい星を生む材料になるのです。この自分が犠牲になって、自分以外のもののためになるという仕組みが、愛の仕組みです。そしてこの愛の仕組みを地球上に実現しようとする存在が、我々人類であるということなのです。それを一番分かりやすく語った宗教家が、キリストです。もちろん釈迦も語っていますが、愛ということに特化すれば、キリストが最も分かりやすく語っています。

だから、愛というのは地球上だけの概念ではなく、宇宙の法則なのです。この宇宙の法則を、その一環である我々人間が地球上で実現できれば、最も価値の高い人生を送ったということです。そういうことをキリストは言っています。『聖書』の言葉として、モーセの「申命記」に載っています。キリストもこの「申命記」の言葉を『新約聖書』の中で援用しています。「人はパンのみによって生くるに非ず」。これは私が最も好きな言葉の一つでもあります。

現代は物質である肉体重視で、肉体を生かすための「パン」に偏っています。価値観が物質偏重なのです。「申命記」の「人はパンのみによって生くるに非ず」というのは、それを否定しているのです。またこの言葉は、『旧約聖書』においても『新約聖書』においても、一番重要な言葉なのです。

『旧約聖書』というのは、もちろん宗教的聖典ですが、同時に人類の発生史そのものでもあります。人類というものが地球上に誕生して、どういうものを大切にし、どういうものを軽蔑し、何に憧れて暮らしてきたのかということの歴史書なのです。五千年前から砂漠に居た、イスラエルの民が書き記した芸術的な文献が、『旧約聖書』になっているのです。だから、宗教的なものであると同時に、人類史だということなのです。

　その中でモーセが「人はパンのみによって生くるに非ず」と言っている。これは、現代ではパンももちろん大切だと言っていると解すると思います。しかしこれは、実はパンは駄目だという言葉なのです。パンに目がくらんだ人間は、生きることは出来ないということをモーセは言っています。モーセは、これがイスラエルの神の言葉であるとして、語っているのです。要するに、この宇宙の根源である愛に殉ずる、我々の魂こそが重要であると言っているのです。その魂の中心である宇宙エネルギーは、愛と信と義です。もし人間にパンのほうが重要だという思想が強まって来れば、人類という存在はこの地球から全く必要なくなります。そしてこの現代が、まさしくそういう時代なのです。パンが重要であれば、動物だけいればいい。むしろ、却って肉体的には動物のほうがずっと優れています。

　少し話は逸れますが、例えば人間は生まれても、親がいなければ育つことは出来ません。無防備で虚弱な身体で生まれて来るのが我々人類なのです。なぜ虚弱な身体なのかと言えば、実は愛を受けるために、我々は虚弱に生まれるのです。動物は、生まれてそのまま自分の力で生きられます。ところが人間というのは、生まれても親を中心に誰かの愛情を受けなければ生きられない、大人にもなれません。私はこのことを随分若い頃に考えましたが、やはり、人間が愛を実感するために、そのように創られたのだと思っています。ここが人間の人間たる謂《い》われなのです。

ニュートンは科学者ではない

　次に本来の人間についてお話しします。人間というのは、本当の意味でいかなる存在なのかということです。この問題で私が一番重要だと思っていることが、『ドン・キホーテ』という文学に書かれている。有史以来の文学において、真の人間を目指す物語の代表の一つが、セルバンテス*の『ドン・キホーテ』です。そしてその文学を何よりも愛したスペインの哲学者が、ミゲール・デ・ウナムーノ*です。そのウナムーノが書いた『ドン・キホーテとサンチョの生涯』という名著があります。ここにおいて、ウナムーノは「本来の人間」というものについて定義しているのです。私は、この定義以上の「本来の人間」の定義はないと思っています。それは「人間以上のものたらんと欲するときだけ、人間は本来的な人間となる」というものです。

　だから「人間でありたい」とか「人間だもの」では、決して人間にはなれないということなのです。人間とは、不可能と思われることに挑戦し、やらなくて良い、無理だと思うようなことに挑むのが本当の人間なのだということです。要するに、人間以上のものになろうと欲している。欲しなければ、実は人間にはなれない。これは私は二十歳のときに初めて知った本なのですが、本当に感動しました。私はいろいろな過去の秀れた人物の人生を研究してきて、実に、そう思うのです。私もいろいろな人を尊敬し、憧れて若いときから生きてきました。しかし人生で出来ること、または人間が分かることというのは、ほんのわずかしかない。それは、皆さんも経験していると思います。家族であれ、親子であれ、人間同士が本当に分かり合うということについては、ほんの少しのことだけです。

しかし、歴史的に遺されている文献で私が何を感じるかというと、人間以上のものになろうと思って死に物狂いで、死ぬほど苦しみ、死ぬほど懊悩し呻吟し、天を目指し、神を目指して、神の如くになろうと本気で思って修行し、勉強する。そういう人たちの人生から出たものが、我々が偉大だと言っている歴史的な価値なのです。

例えば、アイザック・ニュートン*という偉大な学者がいます。ニュートンというと、我々は数学や物理学というものだけを重要視しています。しかし実は、ニュートンは偉大な宗教家だったのです。また錬金術師でもあった。何よりも敬虔なキリスト教徒であったことで有名なのです。ニュートンはケンブリッジ大学のトリニティーカレッジのフェロー（研究員兼教授）でした。そしてそのカレッジのチャペルで、毎日十時間も祈りを捧げていたと伝えられています。

近代科学の父と呼ばれるほどの物理学者が、実際にやっていたことは、一日十時間の祈りなのです。その中から出たほんの一部が、ニュートン力学なのです。ニュートンの著作を見ると、その八割がキリスト教関係、または宗教関係のものです。宗教以外にも著作があり、我々が最も偉大な科学書として崇めている『プリンキピア』のような著作は、一割か、二割あるかないかです。

現代で最も高い価値が与えられている科学というものは、実はニュートンが呻吟した魂からほとばしり出たほんの一部のものに過ぎないのです。だから、科学以上に重要なものが人間にはある、ということです。それに気づいてほしい。

歴史上で名を残している偉人というのは、皆人間以上のものになろうと思って真に努力し、かつ呻吟し、悩み、苦しんだ人たちなのです。今は、人間そのものの捉え方が違っています。現代では優しくて、何でも許す人が価値が高いとされています。また「癒し」というものが流行っています。「人間だもの」などと言っていた人もいました。人間だから何やっても良い、失敗しても良いというようなことです。この気持は分かります。しかし、私はやはり「人間だから」やらなければならないということが重要だと思います。それは苦しいことに決まっています。だから癒しや許しの気持も分かるのです。それでも歴史的に見れば、人間の価値は呻吟し、苦しむことだったのです。そういう人生を経た人間が、歴史上に残る何かを成し遂げている。

苦しむために生まれた

今の人間の捉え方とは違う、本来の人間というのは、現世の人間にはなかなか出来ないことへ向かって行きます。だから呻吟し、永遠を志向し、愛を断行し、自己の肉体を何ものかに捧げ尽くさなければならないということになるのです。これは、宇宙の神秘を解き明かすために生きるということなのです。神を志向することが、昔はそれでした。今流に言えば宇宙の神秘です。今はすでに神を失なっている時代なので、信仰を取り戻すことは出来ません。しかし昔の信仰を失なっていない人間であれば、呻吟する人生が送れたのです。宗教の重要な役割というのは、そのように人間を苦しませ、呻吟させることだったのです。

昔の文献を読めば分かりますが、そうすると本当に素晴らしい人生になる。仏教でもキリスト教でも、深い信仰心を持っていた人は、どのような環境であっても、例外なく人生が輝いています。しかし、ルネサンスから四、五百年経って、我々はもう神を失なっています。だから宗教では我々は本来の人間にはなれません。従って、今であれば宇宙のことや生命のことを勉強して、自分の生命の淵源に突き進もうと思う気持がないと絶対に出来ません。ウナムーノの捉え方と同じです。だから、本来の人間は偉い人でも何でもありません。実は当たり前の人類になれるということです。それにしても、中世までの信仰心が残っていた時代には、誰にでも実現できた生き方だった。今は信仰を通じてでは不可能になってしまったことは、本当に悲しい現実です。

昔にあって、今はなくなってしまったものに、「青春の苦悩」というものがあります。これは、一人の人物を創り上げるために、必要なものでした。昔は旧制高校というものがありました。今の国立大学などの前身ですが、当時の旧制高校では愛や信義、生きるとは何か、人間とは何かというテーマで、学生たちが喧々《けんけん》諤々《がくがく》の激論を戦わせていたのです。殴り合いの喧嘩もしていました。私はそれが旧制高校の一番良いところだったと思っています。旧制高校が青春そのものである、と考えているのです。青春とは、そういうことなのです。

今は青春もない。それは読書を今の人たちがしていないからなのです。旧制高校の学生たちは、猛烈な読書をし、そのために人生の深い問題について激論していた。とにかく、読書、文学です。文学に体当たりでぶつかっていくと、人間はどう生きるべきかという問題で、本当に悩むようになるのです。どうしてそうなるのかと言えば、文学上の悩みというものが「自分の命を捧げ尽くすものを追い求める」ということだからなのです。実は人生で、これ以外のことは悩みではないのです。だから現代人の悩みは、悩みではない。すべて自己固執というもので、自分のためにあるエゴイズムなのです。自分が認められないとか、したいことが出来ないとか。そういう自分のための悩みは、悩みではない。それらは欲望が満たされていないだけなのです。本来の人間の悩みというのは、自分の命を捧げ尽くす何ものかを求めるということなのです。

ただし、自分の命を捧げるものを見つけても、現代的な意味で何かを得するわけではありません。自分を苦しめるものを見出しただけです。だから現代人には難しいのです。しかし、本当の人間というのは、そういうものだということを私は言いたい。人間は呻吟し、苦悩し、何かへ向かって命が尽きるというものなのです。本当に苦しんで、何かを掴んでも何の得もありません。自分の命を捨てるものを見つけたということなのです。それが真の人間だということなのです。見つからなければ、苦しむこともありません。しかし、本当の人間の人生は送れないということであり、つまり人間の死を全う出来ないということです。

魂を取れ

自己の成功、幸福、健康、名声、安楽、保障ということが、現代の象徴です。これらを捨てられれば、魂の懊悩に突入することになり、人間は本来的人間になれるということです。極端な話に聞こえるかもしれませんが、自己の肉体を擲《なげう》つ覚悟が固まらなければ、本来的な人間にはなれないのです。今は「肉体大事」という考え方が蔓延してしまっているので、なかなか厳しいことのように感じるかもしれません。しかし、先ほども言ったように、『聖書』で「人はパンのみによって生くるに非ず」と言っていて、人間はずっと肉体ではない精神を中心にしようとしてきました。それに、そもそもが肉体と魂が合わさって人間が出来ているのです。人間というものの、基本の構造がそうなのです。だから今の人には難しく聞こえるかもしれませんが、もともとの人間の当たり前の姿だったということを覚えておいて下さい。

この肉体と魂というのは、常に拮抗しています。互いにせめぎ合っているのです。だから、ある意味では、いつでも人生は肉体を取るか、魂を取るかということを迫られているのです。私もずっと迫られ続けてここまできています。要は、そのときに魂を取らなければならないということなのです。

私が好きなフランスの哲学者でアラン*という人物がいます。そのアランの魂の定義では「魂とは、肉体を拒絶する何ものかである」と言っています。そういうことなのです。肉体と精神があって、必ず魂を取るのが人間だということです。私は武士道が好きと言っていますが、武士道でも、もちろんそうです。二つの道があれば、いつでも死ぬ方の道を選べと『葉隠』*には書かれています。いざというときは死ななければならないのが、本当の人間というものなのです。死ぬということは極端かもしれませんが、人を愛するときでもどんなときでも、常に人間は肉体的なものを取るのか、魂を取るのか迫られます。そのとき、必ず魂を取って頂きたいということです。それで損をすると思うかもしれません。それでいいのです。損をしなければならないということです。言い換えれば、今は得をしようと皆が考えているので、本当の人間になれないのです。

私は会社を経営していますが、会社でも利益のことは考えていません。利益とは、幸福・健康・名声・金銭のすべてが含まれるからです。だから一切考えたことはありません。しかし結果論ですが、私の会社は四十年間ずっと成長し続けています。儲かり続けているのです。損をしなければならないと言いましたが、実際にはそうならないことが多い。私の人生でも現実にはそうでした。もちろん大損をするかもしれません。それは分からないことです。私は魂を取る人間ですが、魂を取ることで体当たりの人生をしています。それが私の人生のすべてです。会社経営のことでも、体当たりによって、結果論ですが、経営は上手くいっているということです。

ただ、この肉体と精神のせめぎ合いで魂を取った場合、だいぶ失敗はすると思います。私の場合はそれが若い頃だったので良かったということは言えると思います。小中学校で、私は先生たちからにらまれ、殴られ通しでした。それから親からも怒られ、友達とは喧嘩ばかりでした。高校生の頃は、今度は、私の文学好きのせいで、文学議論です。人と争ってばかりでした。その文学議論で殴り合いの喧嘩に何度発展したか分かりません。しかし、そういう経験を経て、恐らくは慣れていったのだと思います。少しは上手く出来るようになったというのでしょうか。だから慣れないといけません。そういう意味で、損も有用なのです。

『葉隠』の三つの思想

もう少し私自身のことを話しますが、私は本来的人間ということでも、もうギリギリの最低線で何とか維持してきた人生だと思っています。偉そうにするつもりは全くなく、本当に最低線ですから、何とか指一本引っかかっているというものです。それを可能にしてくれたのは、私の場合は山本常朝*の『葉隠』です。小学校の頃から死ぬほどの愛読書なのです。小学校一年生のときに、生まれて初めて読んだ本が『葉隠』で、そのときに「恰好いい」と思ったのです。そのまま信奉して今にいたる、という人間です。私の中で『葉隠』が人生の最高位にあるのは、微動だにしたこともありません。私はさまざまなことに興味を持つ人間で、キリスト教や仏教などの宗教には、中でも深く魅了されました。しかし、当然すべては『葉隠』以下です。

人間は必ず自分の上に何かがなければいけません。私の場合はその一番上が『葉隠』だということです。私はそれだけを愛し、それだけで生き、それだけで死のうと若き日に決意し、今七十二歳ですが、ここまで不動のまま来ています。私は『葉隠』以外のものは何も要らないのです。私の性格ですが、興味を持ったことにそのまま突っ込んでいくということは若い頃からありました。しかしどんなに興味を惹かれたことも、今もいろいろありますが、すべてなくなって構いません。全く未練もない。『葉隠』だけあればいいのです。『葉隠』の生き方を断行して死ぬことが、私の唯一の夢です。自分の自慢ではありませんが、私自身がそういう生き方をしていると、現代社会というのは、本当に経済と物質だけの社会だと感じます。

『葉隠』の何が良いかというと、『葉隠』は、武士道を会得して本当の武士になれなければ「クズなのだ」だと言っているのです。虫ケラだと書かれています。だから私は自分の人生は本来的な人間としての人生を歩めるか、またはクズになるか、もうどちらかしかないのです。私は小学校のときからそう思っています。今はクズなどと言うと言葉が悪いかもしれません。しかし言葉上で和らげたり、今多い「優しさ」などで、結局は肉体大事にするのが現代です。そのように肉体を大切にしすぎて、そちらに引っ張られれば、『葉隠』の秀れた真価というのは分かりません。

小中学校の頃から信念にしている『葉隠』の全思想を、私は三つにまとめています。一番目は

「死に狂い」です。この「死に狂い」というのは、人生で一番大切な考えです。これは、自分が死ぬまで、徹底的にすべてのものに体当たりをするという思想です。自分がいつ死ぬかは全く分かりませんが、死ぬまで体当たりをするということ。将来は考えないということです。私自身は考えたことはありません。将来のことは一切、会社の将来も考えたこともありませんし、私個人のことでも自分の将来などは考えたことがありません。家族のことも、子どものことも考えたことがありません。どうなるかは、すべてその人間の運命だと思っています。

キリストの言葉で「明日のことを思い煩うな」という、まるで『葉隠』から採ったような言葉があります。だから私が好きな言葉なのです。将来を考えない、要するにキリストも同じだということです。

次に「忍ぶ恋」です。これもまた重大な思想です。この「忍ぶ恋」というのは、到達不能の憧れのことです。ですから、到達できる憧れは駄目なのです。それはすべて欲望なのです。絶対に到達できないものでなければいけない。絶対に到達できないほど高尚な、崇高なものに憧れなければいけません。

「忍ぶ恋」を現世的なものに落としたものが、昔の騎士道の「マドンナ」です。騎士の叙任式で、自分の憧れの女性を一人選ぶのです。その女性は、絶対に自分とは添い遂げられない相手でなければならない。だから貴婦人で大抵は誰かの奥方です。自分がどんなことをしても、絶対に自分と結ばれたり結婚したりすることは無いということです。その絶対に無いという女性に、自分の憧れと愛を捧げるのが騎士の宣誓だったのです。私はこれも「忍ぶ恋」だと思います。武士道と同じです。今は恋愛について、いろいろと意見もあると思います。しかし本当の憧れは、到達不能な憧れでなければならないという意味なのです。

それで、この到達不能な憧れで一番重要なことは、絶対に他人に理解してもらおうと思ったら駄目だということです。他人に理解してもらおうと思うと、必ず人間は目先の手柄になります。到達不能なものというのは、他人には理解することは出来ないということです。自分だけの憧れなので、理解できるのは自分だけです。強いて言えば、自分と宇宙です。昔のヨーロッパ人であれば、自分と神、つまり「我と汝」と言ったのです。自分と神との関係です。自分と宇宙との繋がりというものです。我々は宇宙の中で生まれてきましたから、この宇宙の淵源と自分との繋がりがあるのです。それは固有のものなので、他人には分からないということです。全員、命は自己固有ですから、親子でも分かりません。夫婦でも、親子でも、どんなに愛し合う恋人同士でも、命の根源というものは絶対に分かり合うことは出来ないのです。

だから人生は、自分が宇宙の本源と繋がるしかないということなのです。それが忍ぶ恋の本意です。これに近い思想が、フランスの哲学者パスカル*の『パンセ』の中にあります。「ただ独りで死ぬ」という思想です。これはフランス語で「On mourra seul.（オン ムラ ソール）」と言います。フランス語ですが、何か、真言のような感じもします。ただ独りで死ぬ覚悟がなければ忍ぶ恋は達成できないのです。

最後が「未完」ということです。未完で良い人生、完結しない人生ということです。現代人の人生観というのは、何かを成し遂げようとするから弱くなるのです。少なくとも私自身の経験ではそうでした。何かを成し遂げようとすると、精神は弱くなります。犬死でも良いと決めなければ駄目なのです。先ほど言った他人に理解されないことも同じです。自分がしていることは、他人から認められるような形にならなくても良いのです。その覚悟を決めないと、本当の挑戦は出来ません。未完に向かわなければ、真の挑戦は出来ないということです。

非人は悪人以下のこと

私は、埴谷雄高*の『死霊』という文学が死ぬほど好きです。なぜ好きなのかといえば、埴谷雄高が文学では絶対に描けないというものを描こうと決意して書き出した文学だからなのです。本当の宇宙と人間の本性とを描こうとしている。そんなものを、文学で一人の人間が描くことは、どのような人物であれ絶対に出来ません。そういうこともまた、埴谷雄高自身も分かっているのです。分かっていながら、その文学に挑戦し、死ぬまでやり遂げて、ついには未完で死んだのです。『死霊』というのはそういう文学です。だから私は好きなのです。私は『死霊』を毎日読んでいて、とにかく私の家や会社で『死霊』が無い部屋はありません。どこに居ても読めるようになっているのです。

しかし、こう言うとおかしいかもしれませんが、それほどに『死霊』が好きであっても、私にとって内容などはどうでも良いのです。内容には興味がありません。難解な書物として有名なようですが、「ああ、そうなんですか」という感じです。私自身はさっぱり難しいなどと思ったことはありません。大体、分かろうと思ったことすらないのです。理解したいのではなく、私は埴谷雄高が絶対に描けないと分かっているものに挑戦した、その文学者の心意気に惚れているということなのです。その心意気と、毎日一緒に居たいのです。ロシア文学でも、ドストエフスキー*の『カラマーゾフの兄弟』なども同じです。

本来的人間になる修行は、日本は主に武士道が中心になっていました。これは「死に狂い」という思想だということは話しました。宗教的には「禅」です。西洋ではそれをキリスト教が担っていたのです。信仰が深かった時代のキリスト教は、現代流に言えば「狂信」です。狂信が、本当の人間の生き方を生み出していたということです。狂信は善か悪かではないのです。今は狂信を否定しています。そして狂信の価値観の崩壊によって、人間は限りなく非人間に近づきつつあるのです。

非人間というのは、肉体だけの人間のことです。肉体だけが大事だということは、実は人間ではないということなのです。昔は非人間のことを非人と呼んでいました。人に非ずということです。「恩を知らぬ者は人に非ず」とよく言われたものです。この恩というのは精神の力のことです。親孝行にしても、あれは年老いた親に孝行するのは恩の精神なのです。損得ではない。だから、恩を知らない非人というのは、実は昔は悪人以下の存在ということです。悪人は悪いわけですが、まだ人間なのです。しかし恩を知らない非人は人間ではない。決定的な隔たりがあるのです。

悪人というのは、精神的なものを間違って解釈した人です。昔は育ちが悪いと言いました。育ちが悪くて、歪んで解釈しているのです。しかし非人というのは違う。根本的に精神の価値が分からないのです。親の恩が分からないとか、自分を愛してくれる人の心が分からない人のことを非人と言うのです。間違っている場合と、もともと無い場合では全く違うのです。

現代は肉体大事ということが行き過ぎています。だから恩や愛を知らない非人が増えています。そのかわり悪人は少なくなりました。私が子どもの頃よりも、今の日本社会は悪人は減ったと思います。しかし昔は悪人がたくさんいましたが、非人は少なかったのです。どんな悪い奴でも、例えば「一宿一飯の恩義」などといって、恩義のことは分かっていたのです。自分が一晩泊めてもらって食事も出してもらったら、もうそれだけで恩義があると考えていました。任侠映画などではよく出て来る台詞です。

ダグラス・マレー*の『西洋の自死』という本があります。これは現代の西洋社会を考察したものです。現代ヨーロッパでは、移民問題で社会が潰れそうになっています。マレーは著書の中で、なぜヨーロッパ人がこれほど移民政策を断行できないのか、どうしてここまで酷い状態にしてしまったのかを解釈しています。それは要するに今のヨーロッパ人が、既にもう非人化しているということなのです。いわゆる「良い人」になってしまって、移民をさえぎる悪人になれないのです。現代では、移民に反対すると人種差別主義者だと思われてしまう。そう思われることが怖くて、移民流入に反対できない。つまり、悪人になれない。そういう社会になってしまったのです。

私がどうして、このダグラス・マレーの『西洋の自死』を読んだのかというと、ミゲール・デ・ウナムーノとの関連でした。マレーは著書の中で、今のヨーロッパが主体性を失なった原因が、ウナムーノの『生の悲劇的感情』を失なったためだと前書きで書いているのです。私は驚きました。自分が愛読して来た『生の悲劇的感情』がそのように取り上げられていたのです。マレーはイギリスの社会学者ですが、現代のイギリスには人間的な真実を分かっている人物がいるのです。

ヒューマニズムの葛藤と終焉

一体いつから人間は魂の放棄に向かったのかと言えば、ルネサンスからです。ルネサンスというのは、簡単に言うと、科学文明や民主主義的なものが発展し、人間が神から遠ざかり出したということです。要するにヒューマニズムというものです。だから中世までの神を中心とする社会が、人間中心に移行したのです。もちろん、ヒューマニズムですから良い面もあります。しかし、このヒューマニズムが始まってから、人間は確実に神から離れ始めた。

それでも、神から離れる葛藤があった。この葛藤は、十九世紀まで続きます。また、その葛藤がヨーロッパの偉大な文明を生み出す原動力になりました。十五、六世紀から十七、八世紀、そして最後の十九世紀のヨーロッパの文学で偉大な作品が続々と登場しています。あのルネサンスから十九世紀までの三百年から四百年、ヨーロッパの哲学、文学、自然科学がどうしてあれほど偉大だったのか。これは神から離れようとするヒューマニズムと、それをまだ全面的には受け入れられない思想の壮絶な衝突のエネルギーなのです。つまり呻吟です。だから良いとか悪いではない。呻吟して行くことこそが、本来的な人間を生み出すことになるということです。

悲しいことに十九世紀の終わりに、完全にヒューマニズムが社会を覆い、もう宗教と神は完全に死にました。つまり、葛藤が終わったのです。今ではヒューマニズムにより、人間が「神」となりました。だから人間は何をやっても良いことになった。そこで出来てきたのが、原水爆を代表とする、地球を破壊しても構わないという歪んだ進歩主義です。今のプラスチック等の還元不能物質なども、人間が何をしても良いという思想に基づいているわけです。

現代には宇宙的なものがない。宇宙の真実、宇宙の愛や、神のことが分からなかったら、人間は自分自身を罰する存在が無くなります。昔は神が罰していたわけです。神ではなくとも、宇宙の真実とか、生命の真実を知れば、我々は好きなことは出来ない。宇宙的真実というのは、ある種の裁判官です。違うことをやれば、罰せられるのです。

ヒューマニズムが始まった頃に、私の好きなイギリスの詩人ジョン・ダン*がいます。ジョン・ダンの有名な詩の中で「死よ、お前は死ぬのだ」という言葉があります。これが十六世紀のイギリスで放たれた。私はこの言葉が、ヒューマニズムの始まりに警鐘を鳴らしたものだと考えています。「死よ、お前は死ぬのだ」とは、死というものは神がいなければ出来ないということを示しているのです。人間の死は神と繋がっている。だから動物の死ではない。宇宙と一体化する死が人間の死なのです。だから、ヒューマニズムが発展すると、人間が神から離れ、人間の死というものが「死ぬ」のです。ジョン・ダンはそう言っている。悲痛な叫びを上げた。現代の二十世紀以降の死とは、ただ肉体が朽ちただけの動物の死です。多くの死が人間の死ではなくなってしまった。

ヒューマニズムの是非がまだ葛藤されていれば、素晴らしい芸術や科学が生み出され続けたでしょう。日本の詩人で田村隆一*も同じことを言っています。現代社会は本当の意味で死ぬことが出来ない社会だと言うのです。そして本当の死を死ぬことが出来ない社会というのは、生きることも出来ないのだ、と呻吟している。

私は本当の死を迎えるつもりでいます。だから『葉隠』に殉じた生き方が出来ると思っています。別に大した死ではないとは思いますが、従来の人間としての死を迎えたい。死ぬ日まで体当たりをして、未完で挫折して死ねばよいのです。死ぬ日まで体当たりをすれば、秀れた人間の死になります。肉体よりも魂を大切にしているからです。

知らぬものに到達するために

体当たりで死ぬ人生は、私の言葉で表現すると「垂直を仰ぎ、不合理を愛し、革命に生きることに他ならない」というものになります。宇宙の実在は流転と変転です。それを人生の根本に据えて、魂の永久革命に向かうのが今生の人生というものです。よく宇宙の実在は、悲哀だと言われます。また流転と表わされることも多い。だから、宇宙というのは、もともとが「無常」ということなのです。エントロピーの法則により、どんどん崩れ去っていく。

だから、魂の無限永久革命が、我々の生きる生き方そのものになるのです。魂自体も無限変転ですから、決して満足は無い。だから、もし魂の呻吟や愛というものを抱いたとしても、成就しようと思ったら、それは必ず物質主義に喰われるのです。愛は、死ぬまで絶対に達成できない。そう思っていなければ、魂は無限変転しないのです。愛は永遠に分からないものであって、永遠に恋焦がれ、永遠に求めるものだということです。それが人間なのです。

我々の人生とは何かといえば、この魂の永久革命に向かい、宇宙の正義をこの地上に実現するための努力ということなのです。人間は死ぬまで、「満たされざる魂」を持たなければならないのです。これが宇宙の秩序とか愛ということなのですが、重要なことはどれほど努力しても、ほんの少ししか出来ないということです。宇宙の法則を地上で実現するなど、本当に出来るわけがない。当たり前です。だから逆に言うと、人間などは大したことはないのです。言い換えれば、その大したことがないということで、死ぬまで悩み続けるのが正しいということなのです。今の人間は神を失なって増長しています。現代社会は、そこから出て来る間違いが多いと思います。

我々人間に真の運命をもたらすのは、「宇宙的実存」というものです。これは宇宙の摂理たる魂、愛の他、信や義や忠を求めて呻吟することに挑戦し続けるということです。簡単に言えば、先ほどから言っている体当たりということです。その体当たりをしていけば、自己固有の運命が生まれて来るのです。私の実感でもありますが、やはりすべての人間には固有の運命があるのです。良いか悪いかは関係ありません。その固有の運命を生き切った人が、本当の良い人生を送った人だと思います。

これは固有のものなので、人真似は出来ません。参考もないし、本当の意味で相談も出来ません。固有の運命を理解するには、ただ体当たりしかないのです。これは教科書もなければ、誰も教えることが出来ない。全員が違う、その人だけの運命ですから。全く同じ運命の人はもちろん一人もいません。自分しかいない。これは誰でもそうです。だから、自己固有の運命を理解することが、人生で一番重要なことだと言えるのです。

その自己固有の運命を理解した人が、真の人間なのです。私は「宇宙的実存」と言っていますが、その宇宙的実存というのはすべての人の生命の中に入っています。そして、すべての人の生命が宇宙の根源と、各々繋がっているのです。全員がそうなのですが、全員が違うので、誰からも教えてもらえません。自分で掴むしかないのです。

真の人間、つまり自己固有の運命を掴んだ人間は、強い人間になります。何も欲しくないし、自分の運命を死ぬまで断行して、独りで死ぬだけになります。それが本来の人間の死です。立派である必要はありません。死ぬまで断行すればいいだけです。人間ひとりの生命の価値があるだけです。人の真似とか、人と比較していれば、どんなに一生懸命にやっても、まず「人間の死」はありません。ただ肉が朽ちるだけの動物の死です。

そういう、自分だけの道を歩む者が、真の人間です。だからそれは独立独歩であり、パスカルの言う「ただ独りで死ぬ」ということです。生命の悲哀とは、そういうことです。人間は、宇宙の摂理を求めると同時に、それを悲哀として捉えて来ました。宇宙の摂理とは、エントロピーの法則であり、すべては崩壊に向かっているだけですから、それは確かに悲哀です。この宇宙の一環として生きる我々も、悲哀で出来ているということなのです。『聖書』にも「人間は悲哀の谷から来た」と「詩編」に書かれています。

今の感覚では厳しいように聞こえる人もいるかもしれません。しかし、古来から悲哀であると言われ続け、これが最も人間的な考えだということなのです。道元*の『正法眼蔵』も、悲哀に覆われた書物です。「只管打坐《しかんたざ》」という、死ぬまでただ坐り続けることにより、その悲哀と一体になれるかどうかだけを問うているのです。だから、現代のように他人に分かってもらおうと思えば出来ません。

もう一つ、私が二十歳の頃に読んだ本で、非常に感銘した言葉があります。キリスト教の神秘思想家で、サン・ファン・デ・ラ・クルス、日本語にすると「十字架の聖ヨハネ*」という人が書いた『カルメル山登攀』という本に出ていた言葉なのです。「おまえの知らぬものに到達するために、おまえの知らぬ道を行かねばならぬ（Para venir a lo que no sabes, has de ir por donde no sabes.)」というものです。これが、自分の運命を生きる人間の根源的な言葉です。私がこの言葉と出会ったのは、私が敬愛しているイギリスの詩人T・S・エリオット*の『荒地』という詩集の中です。エリオットがこの言葉を詩の中で引用していたのです。

人生というのは、本当は全員が知らない道を歩いている。十字架の聖ヨハネの言葉は、そのことへの自覚なのです。誰もが知らない道を歩いているのに、何か現代では知っているかのように思っているところが、傲慢さを生んでいる原因だと私は思うのです。実は全員知らない。私ももちろんそうです。しかし、その知らない道を歩んでいるということに誇りを感じ、それに体当たりをしていると、初めて自分固有の運命が生まれて来るのです。それが、「おまえの知らぬものに到達する」という運命なのです。それが体当たりによって、自然と出て来るのです。

問答無用の愛

運命はすべてに体当たりし、到達不能の憧れに生き、未完を受け入れた人間にだけ来るのだと私は言いました。この考えに至ったとき私は、武士道というものは運命を摑んだ人間たちの創り上げた、最大の人類的文化であると分かったのです。私は『葉隠』を信奉して生きて来た人間で、運が本当に良かったと思っています。私はさまざまな文学や哲学、科学などを研究して来ましたが、その果てに日本の武士道が人類の最大の文化、本来的人間がやらなければならないことをやる最大の手段、また勇気の源泉として、それらを最大に引き出すものと分かったのです。

成人後に私はモーリス・パンゲ*という哲学者を知りました。そのパンゲという人が大変な親日家で、日本の武士道に「運命への愛」という言葉を捧げているのです。この「運命への愛」はラテン語で「アモール・ファーティー（amor fati）」と言います。ヨーロッパでは有名な言葉です。もともとはローマのマルクス・アウレリウス*の『自省録』に書かれている言葉です。後にニーチェがこれを頻繁に著作に引用しています。その言葉を、日本の武士道のための言葉として、モーリス・パンゲが書いているのです。だから、武士というのは自分の運命を愛した、本来の人生を送った人間たちなのです。なぜ武士は切腹できたのか。あれも自分の運命を愛すると出来るのです。愛が自分に最高の生き方をさせるために、自ら死することが出来るようになるのです。

　真の武士道とは、問答無用で自己固有の運命を生きることに他なりません。自己固有の運命を生きることが、すべての人間にとって一番重要なことです。『葉隠』の凄さというのは、それを問答無用に行なうことにあるのです。だから、最も高度なものだということです。私は現代人にこそ、この「問答無用」ということが重要であると考えています。現代人はどうしても理屈を欲してしまう。そして理屈があれば流されてしまいます。だからこそ、問答無用に運命を生きることが必要なのです。何度も言っている、体当たりということも、実は同じことです。

　武士道というのは、別に刀でもなければ、侍のものでもありません。自分の運命を問答無用に、すべての人の意見も関係なく、独りで運命に体当たりして死ぬということだけです。誰にも認められないで死ぬことです。それを私は、現代的武士道の使命だと考えているのです。

『葉隠』の実行は、運命の美学を創り上げます。そしてこの運命は、命を捨て、憧れに生き、犬死を覚悟したその生き方に対して来るのです。『葉隠』には「毎朝毎夕《まいちょうまいゆう》、改めては死に改めては死ぬ」という言葉があります。これも有名な言葉です。私は子どもの頃から毎日この言葉を唱えていましたが、そうすると、体当たりが面白くなって来るのです。体当たりをすれば、必ずいろいろなしくじりをし、恥をかき、人に嫌われと、本当に大変でした。しかし毎日、死ぬために生きているのだと思うと、体当たりのしがいがあるのです。

　私は自分の会社を経営して四十年経ちますが、自分の会社の決算書などは一度も見たことはありません。だから会社にいくらお金があるのかも知らないし、どれだけ儲かっているのかも知りません。何も分かりません。ただ、私の仕事は日々、体当たりでしかないのです。その日に出た問題、その日に出た疑問、その日の製品の状態、その日に来られたお客様など、すべてに体当たりをしているだけなのです。四十年間、全力で体当たりして来ました。それだけの人生だったのです。それで、会社はずっと成長し、利益も上がりっぱなしです。別に成長も儲けもなくてもいいのですが、結果論はその逆になっています。

お金が欲しいというのは、肉体の持つ本能です。『葉隠』の武士道というのは、その本能を超えようとする努力なのです。それが、かけがえの無い独自の運命を創ってくれる。だから、運命への愛というのは、別に難しいことではありません。ただ、毎日、毎日体当たりを繰り返していればいいのです。そうすると、本当に自分の運命というものを好きになる。別に良い運命が来るからではないのです。悪い運命であっても、必ずそれが好きになります。自分の運命ということが分かって、愛おしいのです。私は、不幸になっても構いません。もしこれから不幸のどん底に落ちるのなら、それが宇宙の根源から私に与えられた運命なのです。それを存分に味わい愉しみたいだけです。

美しい星へ

　自己固有の生き方を貫いた人の中で、私は一人例に挙げたい人物がいます。それは作家の三島由紀夫*です。独自の死と独自の文学を築き上げた三島由紀夫を、私は真の人間の一つの典型として挙げます。私自身が直接知っていたということもありますが、三島由紀夫は非常に誤解されている天才です。しかし一方で、最も三島由紀夫の優れていたところは、全く誤解を恐れていないことでした。なぜ誤解を恐れないのかというと、やはりあの人は運命を貫いたからだと思っています。三島由紀夫はすべてに独自を貫きました。それがいかに不評であろうとそれを貫き、そしてすべての批判を超越したのです。つまり、超越した死に向かったのです。あの割腹自決は、もちろんさまざまな方面からも批判され、大変でした。しかし、私には、あれほどの有名な作家が、あの最期を断行したことがよく分かるのです。それは、独自を貫いて来た人なので、三島由紀夫以外には分からないということなのです。他人には分からなくてもよい。三島由紀夫だけの運命なので、三島由紀夫の死は絶対に分からない。ただ、そういう独自の運命を築いたのだ、ということだけは分かるのです。

　私が一番好きな三島由紀夫の作品は『美しい星』です。この『美しい星』とは、当然地球のことです。この作品は昭和三十四年に書かれました。まだ日本には原発も何も出来ていない時期です。原子力問題が人類の破滅を導くということが、まだ日本人の中で実感としていない時代です。そういう時代に、UFOなどを登場させ、SF小説に仕立てて原水爆による人類の破滅が書かれています。そして内容は大変、ロマンティシズムに溢れているのですが、私はこの作品の中に『葉隠』を感じるのです。『葉隠』の中でも「忍ぶ恋」です。この本の最後近くにある言葉なのですが「人間の肉体でそこに到達できなくても、どうしてそこへ到達できない筈があろうか」と書かれているのです。この言葉に出会ったとき、私は『葉隠』の真髄がまたさらに自分の肚に落ちてきました。やはり人間というのは、あれが駄目、これが駄目といろいろなことを言っているときには、どうしても肉体に偏っているのです。

私は人生の理想はやはり、肉体を捨てることだと考えています。肉体を捨てれば、人間は魂が躍動します。魂の中には、あらゆる高貴なもの、美しいもの、清いものがあるのです。あるのにそれが実現できない、挑戦できないのはなぜなのか。それは肉体ばかりを気にするためです。いずれ肉体は捨てなければならないのだから、諦めた方がいい。それを表わしている言葉です。『美しい星』の最後を飾る先ほどの言葉の中の「そこ」という表現について、私はそれをテイヤール・ド・シャルダンが言う「オメガ点」だと考えています。オメガ点とは、人間の魂が最後に行き着く場所で、人間の魂で一つの天体が創られるという宇宙の終末点なのです。テイヤール・ド・シャルダンは、人類の魂はいずれ進化の果てに最終的には集まって天体になると言っているのです。三島由紀夫は、そのオメガ点を「そこ」と表現したに違いない。肉体で到達できなくてもいいのです。しかし、人間は必ず到達する。

だから肉体のことは、あまり考える必要はないのです。そして肉体が自分の意志の中から去っていくと、魂の中から宇宙的なもの生命的なものが出て来るのです。それはすべて愛の本質に近い。三島由紀夫もそういう人だったと私は思います。「人間の肉体で到達できなくても」というところがやはり一番重要です。本当に清い、美しい場所に行こうと思ったら、肉体を伴っては行けないのです。肉体で行きたいと思えば、誰も行けない。肉体を伴って行くということは、現世的な成功、または現世的な幸福がその場所だということになってしまう。崇高なものは、そこにはない。

私がずっと『葉隠』が好きで、武士道が好きで一番良かったことは、三島由紀夫のこの言葉を見た瞬間に理解できたということなのです。『葉隠』から得た真の気概、真の勇気をやはり自分が武士道の精神からもらっていたのだと確信した。三島由紀夫のこの言葉は、気概と勇気がなければ分かりません。気概や勇気というのは、自分で創ろうと思っても創れません。その気概や勇気の根源になるものと、触れ合わなければならないのです。三島由紀夫の言葉を本当に信じ、愛して、自分もそうなりたいと思えば、気概と勇気は必然的に生まれて来ます。

対談（井口潔×執行草舟）

人間を動かしているもの

――それではこれから、井口先生と執行先生の対談に入らせて頂きます。先ほどの井口先生の講演の中で、最後に、「人間は、体は死んでも心は死なない」というお言葉がありました。そして、執行先生の講演では、「人間は肉体ではなく魂である」というお話がありました。お二人には、このあたりのところを深くお聞きしたいと思っています。

井口先生は、毎月京都にお越しになり、いつも最終の新幹線で博多に帰られています。我々が寝床に就く頃にも、まだ移動されている。正に命を削って井口先生は行動されています。執行先生は、井口先生を動かしているのは宇宙の力だと以前に言われていたことがありました。井口先生を衝き動かしているのは、井口先生ではないと。そのあたりのお話を伺えればと思います。それでは、井口先生、執行先生、宜しくお願いします。

執行　私は、井口先生の今の生き方を少しは知っていて、また、どのように生きようとされているのかもある程度分かっているつもりです。井口先生のように本当の使命に生きている方は皆そうですが、自分が生きていると思うことそのものが間違いなのだと知っているのです。宇宙的使命を感じている。井口先生はもちろん、ご自分の中の宇宙的使命が分かっていらっしゃる方で、そのために生きておられます。それを私は、井口先生が個人として一人でやっているのではない、と言っているのです。

井口先生は個人ではないのです。井口潔という人間の生命エネルギーが発する実存なのです。その実存が、この「ヒトの教育の会」や「生物学的人間教育論」などを牽引されている。今の、肉体だけが重視されるようになってしまった日本社会に、自分の命を投げ出して何かなさろうと思っていることが、非常に分かるのです。それを宇宙的信念と私は言っています。そしてそれは、実は井口先生個人ではない、もっと高いところにある井口先生の生命力の根源から来ているものなのです。井口先生個人の肉体の生命力ではありません。肉体よりも高度の、つまり誰にも見えない遠くにあるものです。井口先生の魂を創っている、テイヤール・ド・シャルダンの言うところの「精神的量子《クアントム・スピリチュエル》」です。そういう宇宙の最も高貴なエネルギー、愛というエネルギーが井口先生を動かしているのです。そういうエネルギー以外では、自分を投げ出して動けるわけがないのです。

井口　過分なお言葉に感謝します。私を動かす力は執行先生の仰る通りだと思います。どうして百歳近くまで生きて、今でも何かをやろうとしているのかは、やはり生かされているのだという気持しかありません。自分ではそれを強みだとも思ってはいませんが、確かに自分がやりたいとも思ってはいるのです。しかしそういうこと以上に、何かが私を動かしているのではないかというのが、私の正直な嘘偽りのない気持です。

――執行先生の著作『おゝポポイ!』(PHP研究所刊)を読ませて頂くと、執行先生は何度も子どもの頃から死にかけていらっしゃるとありましたが、これは滅多にない人生ではないかと思いました。

執行 私の場合は、実際に死んだと思われたことが四回もあります。その中で、親戚中が集まって葬式の準備の話をされたというのは三回もあります。三十分以上、心臓が停止していたこともありました。葬式の準備も当然です。

――一度死にかけた人間というのは、自分の命の使い方が違うのではないかと思います。何か違う次元に生きているようにも見えます。医学博士にこのようなことを聞いてよいのかは分かりませんが、井口先生はこの点をどのようにお考えでしょうか。

井口 現在の医学というものは、肉体の病気を治すことに焦点を当てています。ですから今のようなお話は、私は医者一人一人の人生観だと考えます。そういう方面について、患者さんに納得のいく話をするような義務は、医者には与えられていないのです。医者の立場は、そういうことであると思われます。ですから、お一人お一人が自分は何のために生きているのだろうか、ということを考えることが必要なのではないかと私は思います。人間の命に比べ、医学には限界があるのです。医者というのはそこまで踏み込んではなりません。

人間になるということ

――お二方に共通しているのは『葉隠』ですが、死ぬ覚悟というものが非常に重要なポイントであると思います。執行先生はそれを宇宙の仕組みであり、愛と仰っています。井口先生は愛と尊敬が大切だというお話でした。井口先生にその愛についてもう一度教えて頂きたいのですが。

井口　私の話は生物学的なことになります。講演でも話しましたが、地球上には身体で生きる生物がたくさん出てきました。生命が誕生してからの三十八億年という長い期間を二十四時間で表わしますと、今から数分前にヒトという人間の直系の生物が生まれたことになります。それで、このヒトという生物はどのようにして「人間」になるのかということは、生半可な研究では太刀打ち出来ない。やるからには動物実験になるわけですが、人間に実験することになりますから、当然実験など出来るわけがありません。そこで私が打ち出した仮説でありますが、多分こういうことではなかろうかと思うのが、愛と尊敬ということです。その愛というものが何かということを生物学的に考えたときに、生まれたときの赤ちゃんは脳にニューロン回路はまだ出来ていない。つまりまだ愛を受けていない状態だということがまず言えます。

人間もチンパンジーと同様の脳を引き継いでいます。つまり、それはケダモノの脳です。そのケダモノの脳を、人間の脳にしなければならないという「使命」がそこにはある。これがどういう仕組みか分からなかったのですが、コンラート・ローレンツ*というノーベル賞までとった碩学《せきがく》の方が、動物の行動を人間に当てはめて考えたのです。すると、こうとしか考えられないというものが見えてきました。生まれてきてすぐの赤ちゃんをお母さんが抱いて、目を合わせているということの意味を問うものです。それはかなり短い時間です。そこに母親の愛情というものが発現し、その母親のおかげで人間になっていくということです。条件なしの「愛情」を与えると、今までケダモノだった脳が人間の脳に転換していくのです。どうしてそうなるかは分かりません。しかし、現実にそうなる。その母親の愛情というものは、魂などと同じようにこれが人間の生命そのものであり、常にそれがあるのだろうというようなことを私は考えています。無条件で何ものも求めない、ただただ可愛いと思う心です。この子を自分の力で人間にするのだということは、理論的ではなく、何かが発散しているのです。その発散を、赤ちゃんがお母さんから感じ、無条件に受け入れるのです。

――そこには躾が関係しているのでしょうか。

井口　躾に関して良いとか悪いとかはありません。自分を愛してくれる、このお母さんが言ってくれるのだったら、お母さんの言うことを無条件に聞きますという条件付があるだけです。そうやって、人間は三歳児にまでなるのです。そして三歳のときに、子どもらしい内部世界が出来る。

要するに「心」です。その「心」が出来てしまえば、外から刺激があった場合に、その心で何らかの反応をするようになるのです。そうなれば、そこで道徳的なことにも心を開いていくという時期に入っていきます。四歳くらいからです。その時期に自分の周りに素晴らしい大人がいれば、尊敬するようにもなります。また、その大人が言うことだったら、無条件に聞き入れようと判断するのです。四歳以降はそうやってどんどん開いていきます。そして愛と尊敬が一緒になって、伝統というものを無条件に受け入れるようになるのです。これがケダモノの脳であったものが「人間」になることであり、また「人間」としての基本的なものが分かっていくのです。そこには、こうだからこうだという論理的なものは何もありません。魂というものについて科学的な観点からは説明が出来ないのと同じように、母の愛や凛とした父の姿というものが、無言で何かを語るのです。

だから、そういう意味での愛と尊敬というものがあれば、人間の基本が出来てくるということです。そしてその基本というものの根本は、自己抑制なのです。環境を重視しなければならないときに、自分のわがままを言い出したら例外なく話になりませんから、自分を抑えることが重要です。同時にこれは、道徳教育の問題です。ですから本来の躾というものは、自分を抑えなさいという、それだけに尽きると思います。

母親の自己犠牲

執行　愛というものは、根本的に子どもが親に対して自己犠牲の姿を感じられるかどうかなのです。私から見て、今は親子関係でも上手くいっていない場合が多いと思います。私の世代から前の人は、特に男性の場合は母親のことが死ぬほど好きです。私も当然そうです。自分の命などよりもずっと母親のことが大切です。これがなぜかというと、多くの家で母親というものが、家族のために自分の人生と命を捨てていたからなのです。これが愛なのです。何をしたかの内容ではない。今の母親のほうが、却って私の母よりも随分と一生懸命にいろいろとやっています。私の母はすごくいい加減でした。私は母から勉強しろと言われたことが一度もありません。読書しろと言われたこともない。何にもありません。それでも私は母親のことが死ぬほどに好きなのです。要するに、命を捧げているかどうかの話なのです。そこに集約する問題です。今の母親は、ものすごく子どものためにいろいろとやっています。私の母の百倍か二百倍以上です。しかし私が見ていて感じるのは、全部が自分のためなのです。そこが、昔の大家族主義や家意識というものと、現代の物質文明との違いであると思います。家意識というのは、日本人の場合はその家に所属して生まれて来る子どもの前で、その家のために命を捨てられるようになるということです。

そういう親を見て、子どもも自動的にそう成ったことが大きい。だから、それが親が子に注ぐ愛と合致したのです。それが愛の地上的実現だった。だから、本人たちは愛だとは思っていませんでした。私の母も、私のことを好きだとか愛しているなど、死ぬまで一度も口にしたことはありません。私も母親のことは死ぬほど好きでしたが、母が死ぬときまで言わなければならないと思いつつ、ついに死ぬまで言えなかった。私は愛というのはそういうものだと思います。現代では、好きだの愛しているだのとひっきりなしに言っても、親子の間は希薄です。だから私は、その言葉は嘘だと思います。

私の母の例で言うと、多分ですが自分の子どものことを愛しているなどとは思っていなかったと思います。要は子どものことが死ぬほど好きで大切なのです。その気持が結果として、自己犠牲になっていたということです。だから、母自身も、それが自己犠牲だなどとは思っているわけがない。本当の親子関係とは、そういうものだと思うのです。愛が難しいのはそこなのです。

――自己犠牲のお話が出たのですが、井口先生の生物学的教育論でも、自己犠牲の精神というものは、小さいときの愛があってのことなのでしょうか。

井口　母親の瞳は大脳の窓なのです。母親が子どもの目を見る。そしてお母さんの脳から、赤ちゃんの脳に信号が伝わり、赤ちゃんがそれに対して笑う。この交流が、生まれてすぐのときに行なわれるわけです。これが自己犠牲を生み出すということです。胎内の赤ん坊を制御している「獣的脳」は、生後すぐの母親の深い愛情の微笑と、それに応える赤ん坊の無心のほほ笑みがリリーサー（解発因）となって、「人間化する」というのが私の仮説です。とにかく、否応なしにそう思うのだという生命の姿なのです。赤ちゃんを抱いているときに、今まで感じたことのない全くの無償の愛を感じる。そして少しずつ年数を経るに従って知恵がついて、悪い意味での人間的なほうへいくこともあります。しかし、生まれてすぐのときは最も純粋な脳なのです。人間というものは、その純粋であるという所から出発すればいいのではないかと思います。

旧い家庭、大家族の家庭は、お祖父さん、お祖母さんがいて、兄弟も多く、さらに叔父、叔母や親戚などがいることも多かった。いろいろな人間が家の中にいたのです。だから伝統的に行なわれることについて、たくさんの例が出ていました。「こういうときはこうする」「ああいうときはああする」ということがさまざまな形で、しかも大変具体的に見られた。ところが現代のような核家族になりますと、例が少なく一つひとつがよく分からないので、伝統的な事柄が習得できないでいます。この点についてだけで言っても、昔の伝統に還らなければならないのです。生物学的にと私は言っていますが、それは昔の伝統に還れということに他なりません。伝統というのは分かりにくいものなのです。だから私は生物学を現実に当てはめて、伝統の中の精神を浮かび上がらせているのです。それを見なさいということです。

伝統の継承

――その伝統というのは、江戸時代のもののことでしょうか。

井口　日本人はずっと昔から持っていますが、国全体が仏教で覆われた戦国時代を経て、江戸時代になった頃に徳川家康*が定めた大家族制は集大成と言えると思います。私は自分の研究の中でも、決して外せない重要な事柄だと思っています。戦争が終わって平和になり、社会も豊かになってきた時期に、大家族制を知っていた人たちはまだ大家族制を護っていくつもりはあったと思います。しかし実際には結局、何も残らなかった。これは本当に愚かなことをしたと考えます。江戸時代に、明確な手本があったのです。その手本を保護していかないということが、現代の最大の愚かさであると私は思います。執行先生はどう思われますでしょうか。

執行　その通りだと思います。それが分からないから、現状で社会が上手く機能していないということです。私は、人間は宇宙的使命を担っていて、それは愛の地上での実現であると言っています。大家族制というのは、その愛の実現に向かって我々の先祖が組み上げて来た文化なのです。実際にそれを日本人がして来たのだから、本当は今でも出来る。愛を断行しなければ、人間は皆、死ぬに死ねないのです。昔から、良い人生を送り、本当の人間の死を迎えた人は、皆、自分の中で本当の愛を断行した人たちだけです。人間が宇宙の生き物である限り、そういうことなのです。もともと、我々は愛を断行するために人間にされたのです。

井口先生は江戸時代には、上手く行っていたということを仰っていました。江戸時代には身分制がありました。要するに、生まれた環境ですべてが決められていた。だから、財産や名声などの欲望を、自然に皆が捨てていたのです。特別に優れた人間が自ら捨てるような立派なものではなく、自然に諦めて捨てただけです。例えば「自分はこういう家に生まれてしまったから、こういうことをしなければならない」というようなものです。それでも江戸時代には、数々の名人や歴史に名の残る人物がたくさん出ています。あれはすべて、身分が動かない、出世も出来ない、お金持ちにもなれない、そういう身分制の動かないということがもたらした良い結果なのです。あの時代は、家の門構えから軒先の大きさまですべて決められていた。そういう時代だから、却ってそれが良く出ると、本来の躾、本当の人間の真心が入り込むのです。ただし、悪く出れば差別になる。もちろん、悪く出るか良く出るかということも、人間がすることです。井口先生が仰るように、やはり江戸時代の躾は素晴らしかった。生物学的に見てもそうです。江戸時代の人間の生き方を研究することは、非常に重要になって来ると思います。

絶対負というもの

——執行先生に、絶対負についてお聞きしたいのですが。

執行　「絶対負」というのは、愛とか信義とか、そういう計測不能な負のエネルギーであり、我々の魂を構成しているものをすべての最上位に置くというものです。だから、愛や信義が何よりも大切なのだと信じる心が絶対負だと思って下さい。今でも愛が大切だと言う人はたくさんいますが、すべて正のエネルギーの世界で負けた人なのです。「お金より愛が大切だね」と言っている男女がいますが、要は自分たちがお金を稼げないだけなのです。これはただの負け惜しみであって、別に大切だと思っているわけではありません。絶対負というのは、本当にお金などよりも愛が大切な人のことを言うのです。要するにお金のことなど関係なく、愛のために死ねる人間ということです。私が「絶対」と言っているのは、お金や何かと比べて愛が上などという話ではないことを示しています。比較の必要なく、すべての上に愛がある。負の価値、愛や信義が命よりも何よりも重要だという決意のことなのです。

井口　私も絶対負というものに、何かがあると思います。

執行　私は井口先生自身が生きているのではなく、宇宙エネルギーが生きているのだという話を以前にしました。私が井口先生の人生を見ると、井口先生ご自身は地位も名誉も欲していなかった方だと思います。結果論、優秀な方だから得られただけで、子どもの頃とか学生時代の生き方を本の上で私が知った限りでは、最初から皆無です。地位も名誉も求めなかった方が、たまたま事情が重なって今の地位に就かれた。井口先生は、若い頃からそんなものを得るためにやっていなかったのに、得てしまった。だから井口先生は、自分が偉くなったから、何か一つ発展させたいとか、そういう考えではないのです。井口先生を動かしているのは「絶対負」というものであり、井口先生が人間の宇宙的使命を果たそうとされているだけなのです。

私も会社経営をしているので分かりますが、お金が出来たら会社経営をやりますと言う人は、幾らお金が集まってもやりません。やる人間は、生まれたときから死ぬまでやるのです。私は気前良く人に何かをしたいと考えている人間です。私は妻の治療のために一文無しになり、その妻を失ない、生後三ヶ月の赤子を背負って今の事業を創業しました。もし失敗したら娘と一緒に死ぬしか道がない独立でした。それでもその当時からお客さんには出来るだけ何か食事を振舞っていたのです。もちろん今でもそうです。ただ、創業当初はお金が本当になかったので、ごちそうする内容が安かっただけです。かけ蕎麦かもり蕎麦でした。別に自慢でも何でもなくて、私自身がそうしたかっただけですが、他人におごらない人間は、どんな金持ちになっても全くおごりません。そういう人間に限って、おごらないことに何かと理屈を付けるようです。

——思っているだけでは駄目だということがわかりました。

執行　井口先生が講演の最後に言われた「脱傍観」というものに繋がります。それを井口先生は一番仰っていたわけです。要するに体当たりです。それから、井口先生の仰っている生物学的人間教育論を、これから残していくには、やはり皆が行動を起こさなければいけない。この、行動を起こすということは、簡単そうに見えても非常に勇気が要ります。行動というのは、起こしたらその瞬間に反対者から嫌われます。何か一つでも発言すればそうです。だから、生物学的人間教育論も提唱すれば必ず「いや、そんなことはない」という反対が出て来ます。

また、今の日本社会は教育も利権産業になっています。その利権を護る人たちが、井口先生の活動を潰そうとするに決まっています。なぜかと言えば、井口先生の理論は江戸時代からある、どんな貧乏な人間でも出来る勉強方法だからです。志さえあればいい。要するに、お金にならないのです。本当にみんなが学べば、今の教育利権は崩壊します。嫌な言い方ですが、本当に良いものは、金儲けにはならないのです。今流の概念で言うと、経済成長に繋がらない。経済成長に資するものは、すべてが虚のものです。嘘の思想なのです。英米を中心にした嘘の資本主義の下、現在のグローバル社会が作られている。そこから抜け出そうとしなければ、生物学的人間教育論の真価も分かるわけがありません。だから、生物学的人間教育論というのは、実は教育論ではなく、これは人間哲学なのです。根本的にはアレキシス・カレル*などと同じです。井口先生の本にも紹介されている、カレルの『人間―この未知なるもの』は、私も若いときに読んで大いに感動し、自分の絶対負の基になっている思想の一つです。是非、皆さんにも読んで頂きたい。そうすれば井口先生の理論も、とても分かりやすくなると思います。

「分からない」重要性

井口　私自身は、ごく普通の人間です。ただ、私の生まれた境遇が普通に生きていけば、こうならざるを得なかったのだと思います。私の場合、戦争中に学生だったということが非常に良かった。あの時代を経たおかげで、私は死ぬときまでは良く生きようということが、何の違和感もなく入って来ました。そういう人間ばかりが友達にも多くいたということです。それから終戦のときに、インドのネルー首相*の演説が聞けたことです。インドがイギリスの支配から独立するという時に、人間の一つのポリシーを話していたのです。日本はそのとき、どうやって経済を良くするのかということしか考えていなかった。しかしネルー首相は、アジアの新興国家独立のナショナリズムについて力強く語り、スカッとするようなことを言っていた。この「スカッとする」ようなものを一般民衆は望んでいるのです。目の前の経済が良くなれば、良い指導者だと感じても、それは上辺だけで本当にはそう思っていません。そういう意味で、日本は令和元年を元年として、本当の終戦を迎えるべきだと思います。義和団事件のときに、列強各国は眼前の日本人の「武士道」に驚愕しました。その武士道を知り、イギリスが日本と条約を結べば、多大な国益をもたらすと考えたのが、ヴィクトリア女王でした。日露戦争のときには、ほとんどの列強が大国に挑む小さな島国に過ぎない日本の敗北を確信していました。その中で唯一日本の軍事国債を買い取ってくれたのがイギリスだったのです。そのおかげで日本は何とか弾薬や軍事物資を揃えられた。当時の国際社会では、夢にも思わないようなことが起きたのです。江戸時代の日本の伝統は、世界でも通用するものです。日本は、そういう魂の世界を国際社会に発信していかなければならないと私は思います。

――執行先生の講演の中で、「分からないこと」の重要性が出て来ます。我々はどうしても分かりたいと思ってしまうのですが、もう少しこのお話を解説して頂けないでしょうか。

執行　これは、「お金が出来たら人助けします」ということと同じなのです。我々人間は、全員が未完で死ぬのです。だから最高に良い人生というものは何をしたということではなく、自分固有の運命を「生き切る」だけなのです。それが真の人間というものです。だから何か得られたらやるとか、整ったらやるというのは、増長の最たるものです。そういう人間は、自分のことを大したものだと思っているのです。大した人間だから失敗は出来ないと勘違いをしています。それから、基本的にはやる気がないということです。井口先生が一番嫌っている「傍観者」です。分かりたい人間というのは、分かったら自動的に何かが出来ると考えているのです。

また分かりたい人間というのは、やはり他人の評判、他人の評価を気にして動く人間です。人の評価、評判を気にしなければ、誰でも出来ます。もし失敗しても、自分が反省すればいいだけですから、出来ないことはないのです。私自身もそう思って生きていますし、私は自分がやりたいことであればすべてやります。もちろんやろうとしても、出来ないことははじき返されて終わるので、何も悩む必要もありません。まず最初に覚悟を決めるだけです。それが、先ほどの井口先生と私の講演の中でも、一番重要な項目だと思います。「ただ独りで生き、ただ独りで死ぬ」ということに尽きます。そう覚悟していなければ、何も出来ません。

それから、自分のことを誰か一人にでも分かってもらおうと思えば、その途端に身動きが取れなくなります。社会には「時代精神」というものがあり、これは国家が作っているものです。その時代精神は現代では、経済成長を目的とした英米中心の資本主義的グローバリズムです。だから、それに合致しているか、いないかが評価の基準になります。つまり、所詮はそれに合っていない限りは評価はされないということです。特にマスメディアの評価はそうです。だから、自分が摑んだことを貫くには、現代のすべてを捨てるしかありません。捨てることは、慣れれば大丈夫です。皆さんが躊躇しているとすれば、それはただ慣れていないだけです。

魂を摑む
——自分を捨てると、役割や使命や天命が分かるということでしょうか。

執行 だから、繰り返しますが、そういうことを分かろうとしては駄目なのです。それが「欲」というものです。自分の天命を知りたい人間は、金儲けをしたい人間と根本的には変わりません。だから、天命を知りたくて何かをしている人は、絶対に知ることは出来ません。天命を知った人は、江戸時代でも自分に与えられた職務を黙々とやった人です。大体は親の職業を継ぎ、それを一生懸命に取り組んでいる。そして気づいたら、何かを摑んでいた、という形です。その摑んだものが、結果として天命になったという、結果論なのです。だからやりがいや天命などを求める人は、大体駄目になります。

井口先生の生き方で言えば、若い頃から一生懸命に仕事に取り組んでいただけです。現在、井口先生は具体的な肩書や名声を得られていますが、これは井口先生独自の、誰にも真似できない優秀さの結果ということです。そういったものを求めていたら、現在の井口先生はありません。確かに遺伝的な優秀さ、環境的なもの、また神の恩寵まで含めて、井口潔先生という人間にはあります。これは自分になくても羨むものでもありません。井口先生の人生で固有のものであり、そこはむしろどうでも良いことです。本当に尊敬すべきことは、井口先生がずっと仕事に精一杯に取り組み、それを貫いて来たことです。ただただ、自分の人生を全うされている。社会的な名声や地位は、たまたま井口先生の場合、社会的に何かをなすという運命を持っていたということです。

井口 人生問題としては、ゲーテ*がこういうことを言っています。「人間は、努力する限り迷うものだ」と。私たちが何かをやろうとすれば、必ず迷います。それが人間というものです。だから迷ったのなら、予定通り迷いが来たと思えばいい。私自身は、世の中の仕組みにはそれほど興味はないのですが、「自分の脳は自分が創る」とあるとき浮かんだのです。それは、今まで考えたことがなかった。自分が今まで考えたことがなかったことを深く考える。そうすると何かのときにそれが口に出るのです。

執行　井口先生がなさってきたこと、その心というものは今後も残っていくものです。魂と言えばいいのですが、井口先生を井口先生たらしめるエネルギーというものがあります。今、井口先生が仰っていたことは、まさしくその魂の成り立ちを示していると思います。井口先生自身ではなく、エネルギーが井口先生を動かしている。そのエネルギーは永遠に残ります。そして、井口先生が提唱していたことも、もちろん残ります。しかし、それは「形」なのです。形を通して、井口潔という人間を創り上げていた魂が、誰かに伝承されていくということです。もっと言うと、井口先生が乗り移るというよりも、井口先生に降り注いだ宇宙からの絶対負の魂です。それを誰かが摑むということです。本当に誰かを尊敬したり、本当に愛するとその絶対負の魂が摑めるのです。

　私は最近PHP研究所と松下政経塾とで講演をしています。その際に言ったことなのですが、松下幸之助*の関係者が最も反省しなければならないことは、松下幸之助が遺したものを守ろうとばかりしていることです。松下幸之助の真似事など、いくらしても駄目なのです。松下幸之助がなぜこういうことを言う人間になったのか、そこを摑まなければならない。井口先生の場合も同じです。生物学的人間教育論というのは、残される形です。だから、それをただ覚えて人に話すだけでは、これはただの嫌味な教条主義です。井口先生の肉体に包まれていた、井口潔の魂を摑もうとしなければなりません。これは、思えば必ず出来ます。出来ない場合は思っていないのです。自我とか名声欲とか、そういうものに冒されて知識だけを取ろうとしているのです。井口先生が築き上げた知識だけを取ろうとする。利用するだけということです。しかし、井口先生を愛する人や本当に尊敬する人は、その人の中で井口潔が生き続けるのです。井口先生が摑んでいたものが、その人の中に入って来る。きっと井口先生も、誰かが摑んだものをご自分で摑んだのだと思います。それが宇宙に遍満する負のエネルギーとしての魂なのだと私が言っていることです。

——そろそろ、お時間になりました。最後に先生方から一言ずつお言葉を頂けないでしょうか。

執行　本日はこの「ヒトの教育の会」の素晴らしい講演にお招き頂いて、本当に光栄に思っています。井口先生の講演も素晴らしく、また皆様がどのようにその魂を継承していくか、それを本当に考えて大切にされていると感じました。私も是非、協力させて頂きたいと思います。

井口　本当にありがたいと思います。私もあと何歳まで生きられるか分かりませんが、精進していくつもりでおります。執行先生、今日は本当にご足労頂きまして、ありがとうございました。

井口潔

いのくち・きよし――大正10年福岡県生まれ。昭和22年九州大学医学部卒業。38年九州大学教授。60年九州大学名誉教授。同年佐賀県立病院好生館館長。のち名誉館長。大学定年後は日本学術振興会井口記念人間科学振興基金において生物学的教育論を展開してNPO法人「ヒトの教育の会」を設立、理事長を務めた。著書に『人間力を高める脳の育て方・鍛え方』(扶桑社)など。令和3年9月5日、没。

2

運命と骨力

本篇前半は公益財団法人「松下政経塾」が主催した著者の講演を、後半は受講者との質疑応答を掲載しています。

肉の思想と骨の思想

執行草舟と申します。今日は松下政経塾の四十期生の方々にお会い出来、大変嬉しく思います。松下政経塾ではこれまで二度ほど講演をさせて頂いており、一回目は『「憧れ」の思想』（ＰＨＰ研究所刊）という私の著作についてがテーマでした。そして二回目は松下政経塾を創設した松下幸之助という人間の観方、また松下幸之助からどのようにして思想を学ぶのかという内容で講演をさせてもらいました。政経塾で行なったそれらの講演と、ＰＨＰ研究所で行なった松下幸之助の二つの講演を一冊にして、この度、『悲願へ——松下幸之助と現代』として本がＰＨＰ研究所から出版されることになりました。松下政経塾やＰＨＰ研究所との出会いから、このような本が生まれたことを嬉しく思っています。

さて、今日、この講演で中心としてお話しするのは、「運命と骨力《こつりょく》」というテーマです。私の体験談も含めて、いろいろな角度から話させて頂きたいと思っています。まず、人間にとって、また人生にとって何が一番大切かということを考えたいと思います。特にこの松下政経塾に集まっている方々は、何かやはり自分の力を出してこの国のため、世の中のために尽くしたいと、全員がそう思っている方々だと思います。その場合、何が一番大切かということを私は語りたいのです。

私が持論として持っているのは、何をやるとかそういうことではなく、自分自身の運命を生きるということです。どのように自分自身の運命を知り、また自分の運命を生きるのかということが、私は人生で一番大切なことだと思っているのです。今日は、その自分の運命を生きるにはどうすればよいのか、ということを話します。運命に関して何が難しいのかと言えば、実は簡単なことなのです。しかし難しいとしたら、まず「誰も分からない」ということです。何が運命なのかが分からない。それから「参考例がない」、また「勉強する材料もない」ということを皆さんは考えると思います。それぞれの人が私も含めて、この世に生まれてきて運命に直面しているわけですが、全員が極端に言えばその人生を終えてみなければ、運命については分からないのです。

その終わってみなければ分からない運命に挑戦して、その運命を生かした人間の人生を、私は「生命燃焼」と言っています。そう生きてこそ、本当にいい人生を送った人だと思うわけです。それで、いい人生を送った人が、結果論として他人のためにもなり、世の中のためにもなるということなのです。だから自分の運命とか生命を生かさなければ、世の中のためになどなれるわけがありません。世の中のお世話になって、世の中にぶら下がって終わるだけです。皆さんの場合はまず志が違うと思いますから、自分の運命をどう生かすかという問題に直面するかと思います。

それぞれの運命の生き方を今日はお話しするわけですが、それが「運命と骨力」ということなのです。現代では普通の人生というのは「肉」の人生なのです。それはヒューマニズムという綺麗事で覆われているので、多くの人はそれが正しいとも思っています。いろいろな欲望を人間は持っています。私でも誰でもそうです。その欲望というのが「肉」なのです。「肉の思想」と昔から言われているものです。私が今日お話しする運命を生かす骨力というのは、「骨の思想」ということなのです。

運命を生かすものというのは、私は「骨」だと思っています。人間は骨から生まれたと『旧約聖書』の「創世記」にも書いてあります。もちろん人間には欲望もありますが、その「肉」が欲望を表わすものです。そして人間の志とか精神を表わすものが、私は「骨」だと思っているのです。それで、この「骨の思想」を生きるために必要なものが、「骨力」という概念なのです。

成功も失敗もない人生

それでは現代の肉の思想ではなく、骨の思想で生きるには何が一番大切かということです。骨の思想の代表的な概念は志です。そして志とは自己を超えた他者のために生きることです。また国のために生きることであり、または大き過ぎるかもしれませんが、人類、人間のために生きるということです。そして志を立てるときに最も大切なことは、自分自身の成功とか、自分自身の幸福とか、自分自身の健康、そういうものを考えない人間にならなければ出来ないということなのです。それでは何を考えるかと言えば、他者の成功、他者の幸福、他者の健康を願うということなのです。その他者のことを願うことが、逆に自分を生かすというのが真の生命論に繋がっていくのです。それによって自分の運命が生きて来る。つまり自己の人生を生き切るということなのです。

では、人生を生き切るとはどういうことかということです。まず人生を生き切るとは、自己の生命が燃え尽きることであると言えます。つまり人生というのは、自己の生命が燃え尽きることが、一番重要なのです。それを本当に理解するには、それ以外のものは、ある意味では全部捨てなければならないのです。自己の生命が燃えることだけ、燃え尽きることだけに、人生論が特化してもらいたいというのが、私の願いです。私の著作もすべてそういうことが書いてあるわけです。

私がこれまでさまざまに研究してきた歴史を見ても、共通していることは、志を持っていろいろなことをしようとする人間は、自分の生命が燃えることだけにすべての価値観を置いています。そういう人間たちには、成功も失敗も何もない。失敗してもいいのです。失敗したとしても、自分の生命が燃えた人は、生命的にはそれでいい。言い換えれば失敗が恐くて燻《くすぶ》っていれば、生命は燃えないということです。生命というのは燃えることだけに価値があります。だから皆さんには燃えることだけに集中してもらいたい。本当に皆さんの生命が燃えたならば、他人のためとか、会社のためとか国のためとか、そういうものに自動的になるのです。

私が歴史的に見て来ると、そういうものになったかどうかも、大体は本人には分かっていません。要するに、本人が他人のためになったとかならないとかいうことを、自分で考える必要もないということなのです。反対に分かろうとしたり、理解しようとして考え、そういう意味でやりがいを得たいと思うと、必ず人生は間違ってしまうのです。本当に他人のため、国のためになった人というのは、私が知っている限り、自分の人生は失敗だったと思って死んでいます。生命というのはそういうものなのです。

本当に家族のためとか、国のために自分を燃焼し尽した人がいます。しかし人生の結果論は、後から出て来るものなので、尽した本人には分からない。なぜなら人生というものは、終わってみなければ分からないのですから。終わらなければ分からないものに、私もそうですし、皆さんも挑戦して、何とかいい人生を送りたいと思っている。そうすると、結果を考えない捨て身でいくしかないということなのです。

本当に生命が燃えれば、歴史を見ても必ず人の役にも立つし、またそういう人の人生を見て、感化を受ける人もいます。しかし感化というのは他人のものですから、その人の人生のことは与えた人間には分かりません。どのようなことに感化を受けるのかは分からないのです。だから、自分の人生の価値を分かろうと思っては駄目だ、ということになるのです。人生の価値を考えずに、燃焼のことだけを考えるしかないということに尽きます。

「運命への愛」を育む

そのためには、自己の運命を愛することが重要となります。この自己の運命を愛するというのは、私の最も好きな考え方の一つです。これは「運命への愛」といって、ラテン語で「アモール・ファーティー」(amor fati)と言われているもので、有名な思想です。自己の運命への愛、運命を愛する。私がこの言葉を好きなのは、私がもともと武士道を好きで、武士道精神が子どもの頃から自己の中心思想だったことから生まれています。山本常朝の『葉隠』という武士道の本があり、私は小学校のときにその本を読みました。そして私はその思想で生き、そのまま死のうと思って今日まで生きてきたのです。その『葉隠』の武士道の精神を、フランスの哲学者のモーリス・パンゲが「運命への愛」という言葉で表現していたのです。

だから日本の武士道というものを日本人自体が分かっていないのです。却ってフランス人のパンゲが本当にそれを「運命への愛」だと捉えているということです。武士道というのは「死の哲学」だからです。殿様の命令でいつでも死ななくてはいけない。だからこそ、自己の生命が本当に燃えるのです。「死に狂い」という言葉があるのですが、死に向かってまっすぐに生きる。それともう一つ重要なのが「忍ぶ恋」という思想です。そして「未完」という思想がある。これは人生の中途挫折を恐れない生き方を言います。私は『葉隠』では「死に狂い」と「忍ぶ恋」そして「未完」という思想を、三本柱としています。

この「忍ぶ恋」というものを中心に書いたのが、先ほども挙げた『「憧れ」の思想』という私の著作なのです。この『「憧れ」の思想』で重要なことは、自分が人生を懸けて「運命への愛」を育むということなのです。自分の運命を本当に愛した人が、結果論として人のためになり、国のためにもなったということを、皆さんにも実感してほしいということを書いているのです。

人間の運命は宇宙から与えられた自己固有のエネルギーであり、独自の生命を生き切ることが出来るのです。しかし独自の生命を生き切るということは、先ほども言ったように、全く参考例がないということでもある。ここが運命を理解するにあたっての難しさです。だから考えずに、基本は「体当たり」しかない、ということです。自分の人生に来るものに全部体当たりして、そしてほとんどが失敗すると思います。体当たりとはそういうものです。私の場合もほとんどが失敗でした。ほとんど失敗して、その失敗の中で自分が哭いて、そこから何かを摑むしかないということなのです。教科書もなければ参考例もないわけですから、それしかやり方がないのです。

私はもともと体当たりが好きで、それしか考えませんでした。だから失敗ばかりだったのです。それにほとんどの人から嫌われました。他人から嫌われなければ駄目なのです。自分の運命を生きるということは、まずは他者とは相容れないということですから。嫌われる人間になって、その上で自分の運命を摑んで来ると、段々と他人とも擦り合わせが出来るようになっていきます。

私はいま、七十二歳です。大人になってから他人とも擦り合わせが出来るようになりましたが、若いときには全く出来ませんでした。私の場合は喧嘩ばかりです。私の世代までは皆殴り合いです。また私はこういう性格なので、すべての先生から嫌われていました。家庭では母親が非常に優しかったので、私は大学を出るまではなんとか上手くやっていました。しかしその後で父親からは勘当されました。父親は数年前に九十六歳で亡くなりましたが、私の勘当が解かれることはありませんでした。これはもう仕方がないのです。父親に好かれようと思うと、私の場合は自分の運命は生きられなかった。父親の気に入る人生は、私の運命ではなかったということです。そういうことも、人生は多々あります。自分の最愛の人を泣かせ、離れさせても貫かなければならないことが人生にはあるのです。

自分の運命というのが、どのようにすれば分かるのか。それは体当たりで失敗を体験するしかない、ということです。それ以外に道はありません。最初に言ったように自己の成功とか、好かれたいと思えばすべてが崩れ去る。成功や幸福そして、健康も含めて、他人から好かれたいという気持も駄目なのです。私はそういうものを皆さんには望んで欲しくありません。自分の成功や幸福や健康や人気を望むと、本当に人間は弱くなります。臆病になります。これは私も含めて誰でもそうなのです。防御心が出て来るのです。

防御心が出れば、肉の人生は守られるかもしれません。保障の限りではありませんが。でも、骨である精神は確実に守られないのです。なぜかと言えば、精神というのは自己固有で、自分だけのものだからです。守ろうとすれば、自己固有の精神が止まってしまう。これは全員がそうです。これが人類の最も偉大なところでもあるのです。自分のために生きないように創られているということです。それぞれの人が自分だけの魂を与えられています。それを生かすか生かさないかの問題なのです。私は生かし方を話しています。まず、自分の人生を生きることが何よりも大切なのだということを、分かって頂ければと思います。

嫌なことに向かえ

運命を生きるには、自分独自の生命を生み出すということが重要になります。まず自分独自の生命を生み出すことから始めるということです。それが出発になるのです。それは自己の環境を全部受け入れ、特に宿命に納得するということになります。松下幸之助がいろいろな本に書いていることが、大体このことなのです。自分の宿命を受け入れることによって、人間というものは素直な心が出てきます。この「素直な心」が、松下幸之助は最も重要だと言っています。同じことをシモーヌ・ヴェイユ*というフランスの哲学者は「心に真空を作る」という言い方で書いています。心に真空が出来れば、あらゆるものが自分の中に降り注いで入って来る、と言っているのです。私の大好きな哲学者です。

松下幸之助の言葉では「素直な心」です。そしてこれがすべての出発になるということを、松下幸之助は言っています。これは、宿命を受け入れるということなのです。宿命とは何かというと簡単に言えば、大体の人にとっては自分が嫌なことなのです。自分が受け入れたくないものが宿命だと思えばいいです。ほとんどの人で、自分が心に引っかかっていること、嫌なことが大体は宿命なのです。

自分に与えられている嫌なことです。現代で一番分かりやすいのは、例えば金持ちとか貧乏とかという問題です。自分が貧しい環境に生まれたら、今の人の多くはそのことを嫌います。でも、それがその人の宿命なのです。だからもし貧乏に生まれたのなら、貧乏で良かった、と思わない人は宿命を生かすことが出来ないということです。もし、ほんの少しでも金持ちに生まれた他人を羨んだり、貧乏に生まれたことで自分が不運だと嘆いたりすれば、宿命は絶対に生きないのです。そして宿命が生きなければ、自分独自の人生を構築する運命は出て来ません。運命を生み出すことが出来ないということです。反対に宿命を受け入れれば、自分独自の運命が構築され、それを生かすということが出来るようになるのです。ちなみに金持ちに生まれた場合は、金持ちのもつ嫌な面が宿命としてのしかかってきます。

私は運が良いことに生まれた家の面では、宿命に関する苦労はほとんどありませんでした。家は武士の家系で、私は子どもの頃から武士道がもつ一般的には嫌なことが死ぬほど好きでした。私の場合は本当に天から与えられた幸運だということですが、普通は嫌なことになる。私が嫌だった点というのは、子どもの頃に大怪我や大病ばかりしていたことです。医者から見放された死病だけでも四回あります。それを自分の力で立て直して生きてきたわけですが、やはり自分がそういう事故に遭ったり、いろいろな大病に突然なることを恨んでいた時期はあります。でも自分に与えられた怪我や病気を恨むということは、これはやはり宿命を受け入れていないことに相違ありません。私の場合はどこかでやはり、どうして自分だけがこんな不運なことになるのかと思っていました。それから例えば先祖からこんな悪い体質がきたんだろうとか、そういうことを考える。それが宿命を受け入れていないということです。

それでも、二十代の頃に体を悪くして死にそうになったときに、とにかくすべて自分の責任だということが本当に分かった時期があったのです。つまり自分の宿命を受け入れたのです。そのときからが、本当の立ち直りです。それ以前までは駄目でした。それで立ち直りということですが、立ち直るかどうかは本当は分からないことです。言い方は難しいのですが、立ち直るにはどうするかというと、「立ち直らなくてもいい」という覚悟を決めないと立ち直らないのです。ここが本当に難しい。立ち直りたい人は駄目なのです。私はあのときに、一度自分の人生を捨てたのです。諦めたのです。そうしたら自分の宿命を受け入れることが出来たということです。私が宿命を受け入れた経験というのは、皆さんも構造は一緒になると思います。

だから自分が健康になりたいとか、幸福になりたいと思っているとは絶対に駄目なのです。では、「諦めれば良くなるのか」ということでは決してありません。自分が良くなるために諦めるというのは、諦めていないのです。今の人は非常に引っかかりやすいポイントなので、そういうことを何回か自分で失敗して、会得するしかありません。

運命は自分独自のものなので、人生で起こるすべてのことに、全力で体当たりをするしかありません。特に好き嫌いが駄目です。人間は結構、自分が好きなことには誰でも体当たり出来るのです。そういう意味で、真の体当たりとは何かと言えば、「嫌なこと」ということになるのです。絶対に嫌だと思うことに体当たりをしなければなりません。好きなことなど、誰に言われなくても体当たりをするものです。だから重要なのは嫌なことです。自分が嫌いなことは、人によって違います。だから固定して言うことは出来ませんが、とにかく自分が嫌なことは確かにあるのです。そこに向かわなければならない。

全力で失敗すればよい

宿命を受け入れるには、それぞれの人が失敗を繰り返しながら会得するしかありません。成功も失敗も構わずに、とにかく目の前のことに全力を尽くすということが、体当たりということです。これが人生の根源です。皆さん松下政経塾に今日いるということは、この塾の規範とか思想とか、それに本当に全力でぶつからなければ駄目だということなのです。失敗してもいいのです。

松下政経塾で駄目になっても、本当にぶつかりさえすればいい。そういう人は、それが失敗の真の経験として、素晴らしい価値になるということを私は言っている。

ただ、同じ駄目になる場合でも、自分が将来のことばかり考えて、例えば「果たして今これをやっていていいのだろうか」などと思っていてしくじった場合は、ただのしくじりなのです。今の人が陥りやすい失敗です。全力でやって駄目だった場合には、成功よりも大きい経験が来ます。私も人生でそうでした。全力でやって駄目だったことが、人生的には最も大きいことを得ることが出来たのです。皆さんは塾生だから、この塾の勉強、松下幸之助の人生の研究、また松下幸之助の思想の研究などです。そういうものに全力で立ち向かわなければいけません。そして体当たりしたこと、またその過程で会得したことが、世間一般で言う無駄になってしまうこともありです。しかし、本当に体当たりしたら、本人の中では決して無駄にはならないということです。例えばビジネス社会に入ったとしたら、どこの会社に勤めたとしても、勤めた会社でもって全力投球をすればいいだけなのです。そうすればどんな会社に行っても生き甲斐を得ることが出来ますし、または自分でどんな会社の経営でも出来るのです。のちにその会社を何かで辞める破目になっても、またその会社が潰れたとしても、決して無駄にはならないということです。

私の場合は、今は食品会社を経営しているのですが、二十代の頃にずっと勤めていたのは田舎の造船所でした。私は造船の仕事が大好きでしたから。そこで一生懸命働いていましたので、食品会社の経営の仕事も十分に出来るのです。何も別に新たな勉強などは必要ありません。同じことなのです。会社でもそうだし、松下政経塾でやることも全くそうです。例えば松下幸之助について、本当に皆さんが尊敬して、死ぬほど研究した場合、松下幸之助以外の人間でも分からない人はいなくなります。だから何人も何人も人間を研究する必要はないのです。本当に研究しなければならない人を一人すれば、あとはもう、する必要はないのです。皆さんの場合には、松下幸之助がいいでしょう。これは今の皆さんにとって、自己に与えられている運命ですから、ここに入ったということは、皆さんがそういう運命を持っているということです。

一生懸命に体当たりをしていくと、自己固有の運命が、徐々に見えるようになります。その経験が、見る力を得させてくれるのです。また運命のエネルギーは、摑めば摑むほど増幅していく。運命というのは、誰にでもどんどん降り注いで来るものですが、その摑み方を覚えて来ると、摑んだエネルギーがどんどん増幅していくのです。私などは若い頃から運命が好きなので、今では自分にきた運命は即座に、どんなに細かいことでもすぐに分かります。

努力しなくても成功が出来ると言えば誤解を受けそうですが、実際にはそういうことなのです。会社の中では「運命事件」などと言われることもありますが、自分に来る運命というのは、即座に、また詳細に分かるのです。なぜかと言えば、若い頃から自分の運命に体当たりをして、そして何十回も何百回も失敗を繰り返して、制御法を徐々に覚えてきたからなのです。これは誰がやってもそうですから、是非やってもらいたいと思います。

特に言いたいのは、今の時代というのは、私が話している自己固有の運命を拓くことが最も出来なくなっている時代です。中でも若い人にそれが多い。これは勉強し理解して拓くという、間違った運命の拓き方を学校教育等で教えられているためです。だから皆が間違えているのです。勉強は必要です。確かに知識の面では必要なのです。しかし、勉強では絶対に運命は拓きません。どんなに勉強しても駄目です。歴史を見れば分かりますが、どんなに勉強をした人でも、それだけでは自分の運命は拓いてはいきません。運命は、自分の体当たりの体験と、自分が自分の運命を摑んで増幅させていく力を付ける以外はないのです。そうすれば、自分独自の運命が生み出されていく。しかし今のような知識を求める勉強では、運命は生きません。

求めたるところを求めよ

運命が生まれれば、次には生み出された運命を育まなければなりません。独自の生命を育むということです。そのために必要となる人生哲学は、「知識を求めず、霊魂を求めよ」ということです。これは私の言葉ですが、この場合の「知識」というものは、他者との比較による水平社会だと思って下さい。横に広がるだけの世界です。

反対に「霊魂」というのは垂直ということです。天に向かっていく世界です。歴史的な垂直の社会ということです。この、知識を求める水平が今の皆さんが思う、勉強や理解というものです。

そうではなく、霊魂を求めなければならない。霊魂はまた自分独自なのです。つまり、自分独自のものというのは、垂直に向かうものなのです。天に向かうものです。

先ほどから「肉」とか「肉体」とか、いろいろな言葉で私は言っています。肉体というのは、全員に共通しているものです。肉体というのは物質なので科学になるわけですが、だから肉体は水平の代表なのです。調べて、証明して、誰でも共有が出来るものになるのです。男とか女とか人類というもので、肉体というのは同じ構造です。そういうことで健康を気づかって身体のことばかり考えていると、水平になってしまうということを私は言っている。考え方がそうなるのです。つまり健康に生きようとすれば、皆が同じことをするようになり、横並びの同じような人生になってしまう。皆が万歩計を提げて歩いたりしているのです。でも、あれは肉体の健康としては正しいのです。科学としては、です。肉体というのは物質ですから、万人に理解でき、共通させる科学が適用できます。だから肉体というのは、勉強して得る知識の適用が出来る。

そしてこれは一般論というものになり、それが水平に構築されていくことになるのです。それで水平に関して私が言いたいことは、水平では決して自己の独自の運命ということは拓かないということなのです。精神というのは、全部個別です。だから一般論もないし、参考もない。親だろうが子だろうが、夫婦だろうが精神は全部個別です。ここが分からなければ駄目です。精神は垂直だということです。自分固有のものが垂直ということで、それを私は「霊魂」と呼んでいるのです。

芭蕉*が許六《きょりく》という弟子との別れのときに書いた言葉として伝わっているのが「古人の跡を求めず、古人の求めたるところを求めよ」というものです。有名な言葉で、芭蕉の言葉だと思われて伝えられていますが、もともと最初に使ったのは空海*です。それでこの中の「跡」というのが、水平の比較ということです。そして「求めたるところ」というのが、一人ひとり個別の垂直ということなのです。

だからこの松下政経塾で言えば、松下幸之助の「言行録」をどんなに勉強しても駄目だということなのです。「言行録」にあるものは、すべて松下幸之助の「跡」です。松下幸之助はまだ古人まではいっていませんが、死んで固定された「跡」だということです。「跡」は肉、物質なのでいくらでもなぞれます。しかし皆さんがどんなになぞっても、皆さんの人生は決して拓きません。だから松下幸之助の求めたものを私が学びなさいと言っているのです。「跡」を学ぶということではないのです。松下幸之助が求めたるところを掴むために、読書も必要だということです。

私が以前に講義したのは、松下幸之助がどういう人間で、何をしたかったのか、ということです。だからPHP研究所でも反感を買うこともあったかもしれません。「松下幸之助に対して知りもしないのに何を言うか」、「偉大な松下に対する態度か」というようなことです。それは仕方がないことです。皆さんがやらなければならないことは、第二、第三の松下幸之助に自分がなるということです。松下幸之助の言ったことばかり聞いても駄目なのです。松下幸之助の言うことをどんなに聞いても松下幸之助には絶対になれません。せいぜい現代的な「良い子」になるだけです。松下幸之助という人の魂を掴まなければならない。皆さんはそこに向かって下さい。

魂を掴むためには、相手の中に突入しなければなりません。この相手の心の中に突入するということが、体当たりなのです。私も松下幸之助に会ったことはありません。でも松下幸之助のことは分かるのです。なぜかといえば、私が松下幸之助の心の中に突入しているからなのです。「突入」するということは、自己を捨てるということです。これはずっとやり続け、慣れていくしかありません。

死に方を決めればよい

三浦義一*という歌人を私は若い頃から尊敬してきました。その三浦義一の歌集を再版するにあたり、著作権の許諾を得るためにお孫さんの三浦柳*氏にお会いしました。私は三浦義一に会ったことはありませんが、その全部が分かるのです。私が三浦義一について何かを話すたびに、お孫さんもびっくりしていました。だから私と話すと気持悪がられることもあります。何でも分かるからです。会ったことがない人物でもそうなのです。それはその人の著作の行間、つまり心の中に突入しているためなのです。それが体当たりということです。

体当たりをすれば、独自の生命を生きた人物のエネルギーが、自己に流れ込むようになります。

松下幸之助なら松下幸之助の持っていたエネルギー、松下幸之助たらしめていたエネルギーです。それが自分に入って来る。そうすると、松下幸之助のような生き方が出来るようになって来るのです。松下幸之助も誰かからそうしたエネルギーをもらって、松下幸之助になったのです。

松下幸之助は若い頃に、世の中のためになる事業というのはなんだろうかということを、先人の魂を求めて摑んだのです。間違いありません。だから今度は皆さんが同じように、職業や分野は違っても、松下幸之助のように何かを摑んで魂を求めればいいのです。先ほども言いましたが、言行録などはいくら勉強しても無駄です。本を読む場合は、その行間を求めなければならない。つまり、書かれた物質の文字ではなく、書かれることのない魂ということです。今は読書でも知識を得ようとすることが主体になっています。私が言っているのはそうではなく、行間、魂なのです。知識を得ようとすれば、すべてが駄目になります。読書をしないという人は多いと思います。真の読書は成功をしようとしない、幸福になろうとしない、そういう心づもりがないと出来ないのです。成功思想とか幸福思想があると、読書はただ面倒臭いものでしかなく、真の読書は出来ない。私が言っているのはゆっくりと行間を読んでその人物を受け取るということです。

そして人物のエネルギーが流れ込んで来るときに、一番重要なことは何かということです。それは、人物の生き方を学ぼうとするのではなく、死に方を学べということです。今、皆さんが苦労しているとしたら、現代において生き方はいろいろと説くのですが、死に方は全く説かれないためです。例えば私が好きな武士道というのは、まず死に方を決めるのです。己がどのように死ぬか。どう死ぬかが決まらなければ、生き方も絶対に決まりません。今の時代は死に方を求めないので、私はそれが現代人の一番の弱みだと考えています。

どう生きるかは、皆さんも散々考えていることと思います。ところがどう死ぬかを決めないので、延々と生き方が決まらないのです。簡単な例で言うと、例えば家族に囲まれて、孫や大勢の身内に囲まれて畳の上で死にたいものだと考えている人も多い。それは別に悪いことではありませんが、そうであれば、もの凄く家族を大切にするようになるのです。そうなっていなければ、その死に方を決めていないということです。死に方が決まるというのは、そういうことです。生き方から決まるものはありません。英雄的に死にたい人もいるし、実にいろいろな死が昔から考えられてきたのです。

私の例で言えば、私は生命エネルギー論者です。だから自分の生命が燃え尽きて、死ぬ日まで自分の生命を燃やし尽くして、何もこの世に残さないようにして死にたいというのが、私が若い頃から考えていることです。だから私は何も考えずに、死ぬまで自分にきた運命すべてに体当たりをするだけです。そして体当たりの結果は求めない。死ぬ日まで体当たりするだけですから、その結果は考えないのです。今私の会社は成功していますが、そんなことはついでなのです。会社など成功してほしいと思ったことは一度もありません。

お金も欲しいと思っていません。実際にはお金も普通の人よりはあるのですが。でもこれは私の望みではなく、結果として入ってきただけなのです。とにかく私はサラリーマンの頃から、現在もそうですが、自分の給料の金額を知りません。給料自体を見たこともないのです。お金そのものもそうですし、金額の明細すら見たことがない。会社は経営して四十年経ちますが、自分の会社の決算書も見たことがない。自分の会社にお金が幾らあるのか、他の収支でもなんでも、一切考えたこともありません。お金を儲けようとか会社を大きくしようと考えていないということです。これを体当たりと言っているのです。

では、どうして会社が伸びているのかというと、私はその日その日の仕事に、全力で体当たりしているからです。だから私の仕事に関しては、私はお客様に対しても誰に対しても、全力で当たっています。その結果としては、良い方向に向かうのに決まっているのです。だから決算書も何も見る必要がない。放漫経営と言われるかもしれませんが、私はそれが人生だと思っているのです。自分のことだけではありません。社員たちにも全員に言っています。私は年始の朝礼で、社員には必ず「今年も適当にやるように」と言っているのです。

適当にというのは、もちろんいい加減ということではありません。要するにつまらない努力はするな、ということなのです。毎日毎日のお客さんに全力で向き合え、全力投球をしろということです。それ以外のことは考えなくてもよい。そうすると、過去の人物や何かのエネルギーが流れ込んで来るということです。

死ぬために読書をする

少し説明の方向を変えると、間違えやすいのは水平エネルギーというのは周囲ばかりを見ているということなのです。そして垂直エネルギーというのは天を見ていくわけですが、天を見ていく垂直エネルギーが、自分独自の運命を切り拓くということを言っているのです。そして水平というのはどんなに勉強しても、他人のことなどは幾ら学んでも自分にとっては駄目なのです。環境も全部そうです。自分の周りに何があるとかないとか、どういう状況とかというのは関係ありません。水平にあるものは共通のもので、どうでもいいのです。

垂直を学ぶには、今は基本的に読書しかありません。私は結構な読書家であることが、大変に運が良かったと思っています。小学生の頃から膨大に読んできましたから、私の読書量は空前絶後です。自分で言うのは何ですが、七十二年間で出会った人で、私より本を読んでいる人に会ったことは一度もありません。そのくらい読んでいるのです。私は、読書が垂直を得る最上のものだと思っています。膨大に読んできていますから、私は行間を読む力が強いのです。

それでは読書からどのようにして学ぶのか、という問題です。私はいろいろな所でも書いていますが、まず読書というのは死ぬために読む、ということなのです。生きるためにと思って読むと、必ず書いてある表面、物質としての文字の知識の部分だけを取ります。そうではなく魂が潜む行間を読みたい場合には、自分がどう死ぬかを決めるために読まなければいけない。そうすると書いている人が抱いている、その魂が行間に浮かび上がって来るのです。そして死生観が創られる。だからどんな本でも、書いた人の死生観が分かるようになる、ということなのです。

次に、読書は知識を減らすために読む、ということです。今は多くの人が、知識を得るために読んでいると思います。しかし知識を得ようと思って読めば、水平の読み方になるのです。つまり先ほどから言っている知識偏重の読み方であり、中には初めからそのための「ハウツー本」などもあります。ハウツー本は、一万冊読んでも駄目です。一切、人生で自分の生命を生かすということには寄与しません。せいぜいが「もの知りおじさん」になる程度です。そういう知識だけの物知りというのは、皆さんの周りにもいると思います。蘊蓄《うんちく》を語って嫌われているタイプです。だから知識を求めて読んだら蘊蓄の、少々邪魔なだけの人間にしかならないのです。自分というものを確立させた、本物の人物にはならないということです。

また、読書は役に立たないものを読むということが重要です。知識の話と似ているのですが、どちらかというと極端に役に立たないものを読んだ方が、精神の糧になるのです。だから私は皆に文学を勧めているのです。今は文学というものが、役に立たないものだと言われていますから、だからこそいいのです。私は科学の本も好きだし、哲学の本も好きですが、文学が大好きなのです。私は読書家であらゆる本が好きで読んでは来ましたが、自分の人生で一番精神の糧となり、私自身を支え構築してくれたのは、やはり過去の偉大な文学です。ドストエフスキーやトルストイ、またロマン・ロラン*など到底挙げきれません。日本でも三島由紀夫や森鷗外*など膨大にあります。ああいう偉大な文学です。偉大な文学が結局は自分の精神に最も寄与するのです。文学からの最大の恵みは、自分が生きるための「問い」を与えてもらえることです。文学は「答え」は与えてくれない。だからいいのです。

それから、読書は燃え尽きるためにいいかいかいかいいかいか読むということです。これは少々分かりにくいかもしれませんが、読書から何か得よう、得をしようと思って読まないことが重要です。つまり先ほども言った幸福とか成功を思って読まないということです。では何のために読むのかと言えば、読書をすることによって、自分の人生で、自己の生命が燃えればいいと思えばいいのです。その心がまえが生きるための「問い」ともなるのです。そうすれば、幾らでも読めます。私がたくさんの本を読めた理由はそれなのです。私は本を読んで、得をしたいとか人に認められたいとか思ったことがありません。だから私は膨大な本が読めるのです。ドストエフスキー文学など、そう思わなければ読めるものではありません。プルースト*などもそうです。

私は自分の事業も含めて自分の人生に寄与したものは、全部ドストエフスキーやプルーストなどの大文学者たちが書いたその精神から学んできたのです。その精神が自分に流れ込んできていると私は思っています。その精神が、私に思想を打ち立て経営もやらせているのです。

自分が燃えれば役に立つ

だから経営者を四十年やっていますが、私は経営学の本などは読んだこともありません。一冊もない。多くの商売の本が世に出ていますが、そういうものも一切読んだことがないのです。全部、自分が好きな文学や哲学だけで経営しているのです。それで四十年間、事業は伸びっぱなしですから。我が社は自慢ではありませんが、一度も赤字に転じたことも低迷したこともありません。創業以来伸びっぱなしです。それでも私は、これまで経営学を読んだこともありません。そのくらい、自分の生命が燃焼すれば、この世のことは何でも出来るということなのです。そしてそういう何でも出来る自己を創るために、今こういう話をしているわけです。松下幸之助クラスを摑んだらもう大変です。松下幸之助に降り注いだエネルギーというのは、大変なエネルギーですから。だから松下幸之助の心とか精神を摑めば、その瞬間に松下幸之助を松下幸之助たらしめた莫大なエネルギーが自分にも流れ込んで来るわけです。自分が松下幸之助になれと私が言っているのは、実はそういうことなのです。

それから、モンテーニュ*という哲学者がいます。この哲学者も私が大好きな人物で、『エッセー』という著作が有名です。これはもちろん素晴らしい本なのですが、その中でモンテーニュは、読書や哲学について「哲学を学ぶとは何か」ということを言っています。そのモンテーニュが言っているのは「哲学を学ぶとは、死を学ぶことである」ということなのです。私が言っていることと全く同じです。こういう本当の人生の達人や、古典として残るような偉大な本を書いた人は、皆同じことを言っているのです。モンテーニュという人は貴族であり法律家ですが、やはりそう言っている。要は読書から何を学ぶかという問題です。

　読書に関してドイツの哲学者で、エルンスト・ブロッホ*という人がいました。このブロッホも私が大好きな哲学者です。ブロッホの著作を特に深く読んでいるのですが、この人は考えるということが何かと言っています。「考えるとは、乗り越えることである」という言葉です。乗り越えるため、考えるために行なうことが、読書の本質なのです。そしてそれは、実は中に書いてあることではなくて、著者がその本を書いたエネルギーだということを私は言っているのです。それが行間であり、その行間を読むと、すべてのことが乗り越えられるようになる。なぜかと言えば、著者はもともと「何ものか」を乗り越えて書いているからです。だから行間を読もうとしなければならないのです。プルーストでもドストエフスキーでもすべてそうです。

　そうやって自分独自の生命を育んでいると、独自の運命を生きられるようになるのです。そういう生き方だけが、独自の運命を生きるということなのです。それにはまず、自己の生命の燃焼だけに価値を絞る、ということを先ほど言いました。それはエゴイズムではないのです。エゴイズムとは、自己のために他者を踏み付けることを言います。人間というのは、エゴイズムに陥ったら自分で自分の生《せい》を生きることは出来ません。自分の「得」ばかり考えていたのでは、結局、他人の世話になって終わるのです。

国家を見てもわかります。私は社会保障を否定していますが、本当は国から何かやってもらうなど、とんでもない話なのです。自分が国のために「何が出来るのか」と考えて生きることが、歴史的な人間の生き方です。そして自分の命を国に捧げられるくらいになるには、自分の生命が燃えなければ到底できません。だから明治維新のときには、志士たちが命懸けで生きたのです。本当に国家のために尽くした明治維新の志士を、皆さんもいろいろと知っていると思います。生命の燃焼は、あの人たちを見れば分かるのです。自分の魂が燃えて、志の中途で死んだ人も多い。でも燃え上がったあの多くの生命が、明治を築いたのです。

自分が燃えれば人の役に自然に立ってしまい、国の役にも立ってしまう。もちろん会社の役にも立ってしまうのです。それが分からなければならない。そのためには自分のため、成功、幸福、保障などを求めてはならないということです。もちろん現代はこのような保障社会ですから、燃える生命になっても、自然に入っては来るのでしょう。でも要するに、自分からそれを求めてはならないということです。

同じ人間が誰に劣り申すべきや

自己の存在理由という、有名な哲学用語があります。存在理由というのはフランス語で「レゾン・デートル」(raison d'être) といいます。聞いたことがあるでしょう。我々は自己の生命の存在理由だけのために生きる覚悟が必要なのです。そういう風に生きていると、すべてが削り取られて自己存在だけになるのです。これが悪く作用するとエゴイズムなのですが、良く作用すればば自分の生命を本当に生かしていくようになるのです。自分の生命が本当に生きると、自分の成功も不成功も、幸福も不幸も、そういうことが本当になくなります。自分で頑張ってなくそうとしてもなくならないのですが、自分の生命が生きるようになれば、結果論としてなくなってしまうのです。

言い換えると幸福になりたいとか成功したいと思っていない人、自分は不幸でもいいから何かやりたいと考えている人は、割と生命は生きているということなのです。自分の幸せというのは、結果論でそうなるものはいいのです。自分から求めてそうならなければいい。だから例えば夫婦であれば、相手のためにすべてを捧げて、相手の人に幸福になってもらいたいと思って生きれば、結果論としては自分も幸福になる場合はあります。でも、最初から自分の幸福を求めてやったら、エゴイズムのほうに傾きすべてが駄目になってしまうということを言っているのです。これは順番の話なのです。自分の生命と運命が生きると、私もそう考えるようになってきてから、知らないうちに成功思想とか、幸福思想というものがなくなりました。そういう状態が、哲学的に言うと「自己を超克する」というものです。

ここにきて、人生で何事かに挑戦する生命と運命が出来上がるのです。そういう境地を私の好きな『葉隠』の言葉で言うと、「同じ人間が誰に劣り申すべきや」という言葉の真の意味となるのです。人間は何でも出来るという、本当の確信が自分の中に出てくるのです。生命が生きればそうなる。『葉隠』の中にもありますが、武士道を本当に貫徹するには、武士道で生きた人を羨んでいるようでは駄目なのです。この山本常朝という『葉隠』を書いた武士は、どんなに偉い過去の武士を見ても、「同じ人間」と捉えている。これが私は好きなのです。同じ人間に生まれて、他の人に出来て自分に出来ないわけがないという決意です。その決意で山本常朝は生きていた。それが本当の武士道を貫徹するために必要な思想だということです。自己の生命が本当に生きると、そういうことが分かって来るということです。

これに関連して、私は子どもの頃から『万葉集』が好きで読んできてたのですが、辞書を引いたことがないという経験があるのです。ただ好きだから読んでいる。そうしたらある日、『万葉集』に出て来る古代の人々、柿本人麻呂*などと私は本当に対話が出来るようになったのです。私は本の行間には、魂が入っているのだと確信していた。柿本人麻呂も、大伴家持*も旅人*もなぜ歌を作ったのか、その作ったときの情景、歌で何を伝えたかったのかが、すべて分かるようになった。本当に目の前で対話している感じなのです。やはり私も現代人なので、科学的頭を少し持っています。だから後に調べてみたのです。そうしたら全部その通りだった。『万葉集』であれば、同じ日本人が日本語で書いたのだから、千五百年前に書いたものでも分かるに違いないと。これが先ほどの『葉隠』で言う「誰に劣る申すべきや」です。同じ人間が分からないわけがないと思って読んでいます。難しいと思ってしまえばそれで終わりです。難しいと思う人は何か「得」をしたいという人間なのです。例えば『万葉集』を読んで何か「得」したいということです。分からなければ「得」にはならないから、分かろうとする。私は何も「得」するつもりはないから、分からなくて良いいし、間違っていても良いのです。

役に立たざる者

また『葉隠』で別に重要な言葉があります。「不仕合せの時、草臥《くたぶ》るる者は益《やく》に立たざるなり」というものです。これは不幸なときに落ち込んだりするような人間は、もう駄目だということです。もっと言えば、駄目だと言う前に自分の生命が全然生きていない証拠なのです。もともと落ち込む人とか、くたびれてしまう人などは、やはり他人の評価を求めて生きているだけなのです。

要は他人に認められなかったとか、そういうことで落ち込んでいるだけです。
私は、ずっと人から嫌われ、失敗も多かった人間です。でも『葉隠』のおかげかどうかは分かりませんが、全くくたびれたことはありません。私は人から好かれたいとか評価されたいと思わない人間ですから。やはりくたびれるというのは比較なのだと思います。他人の評価を求めているのです。私が今までいろいろ相談を受けた中でも、落ち込んでいる人によくよく話を聞けば、結局は皆自分を認めてくれないことを嘆いていました。認められようと思っていなければ、全くそのようなことはないのです。

「そうは言っても自分が折れてしまうこともある」と言う人がよくいます。でも、そういう人は実は自分のことを考えているのです。だからそういうことがあった場合は、愛する人のこととか、愛するものを考えるとか、国家のことを考えるとか何でもいいんですが、自分以外のもののことを考えていくと、必ず立ち上がることが出来ます。落ち込んだり自分の骨が折れる感じがあるとするなら、全部必ず自分の中に落ち込んでいる。自分の成功とか自分の幸せを考えているときなのです。だから必ず他の人の所にその考え方を移していくと、立ち直ることは誰でも出来ます。

認められようとすると、皆さんも経験があると思いますが、言いたいことも言えなくなります。何も喋れなくなるのです。人間というのは、そういうものです。何も言えず、最後は国家や誰かのお世話になって生きるしかなくなるのです。今、松下政経塾に集まっているような方々は、本当に国家を作る重要な一員になる人たちだと思っています。だから、とにかく本当に全部のことを乗り越えるようにならなければなりません。その場合に私が皆さんに言っているのは、言葉としては難しいのですが、「不幸になることを厭うな」と言っているのです。不幸になっても構わないと思って生きていれば、間違いなく成功思想とか幸福思想に呑み込まれることはないのです。

私自身は不幸になっても構わないと思って生きています。だから成功や幸福に呑み込まれることはありません。不幸でいいのですから。幸福になろうなどとは全く思っていません。今もそうだし、過去もそうでした。これはもう、会社の社員たちにもそう言っています。知り合いにも皆にそう言っているし、もちろん家族にも言っています。不幸の中で死んだとしても、大いに結構だと思っています。

肉ではない、骨である

今まで話したことは、現代の社会思想とは抵触していることは分かると思います。しかし幸福になろうとすると、途端に人間というのは防御的になるのです。私も若い頃には思ったことはあるので分かります。自分でも驚くくらいに気が弱くなる。自分の事で言えば、私は自分では二十代でそういうことは乗り越えていたつもりはあったのです。ところがやはり、子どもが生まれると、子どもの幸福などを考えることもあるのです。例えば子どもが入学試験を受けると、やはり入ってほしいと思ってしまう。うちの子どもは私立の小学校に入りましたが、このときなどは自分でも驚くくらいの弱さでした。自分では偉そうなことを言っていましたけど、こんなに弱い人間だったかと思ったのです。欲なのです。子どもに学校に合格してもらいたいとか、幸福になってもらいたいと願うと、必ずそうなるのです。皆さんにも経験があるかもしれませんが、子どもは弱みなのです。

私はそのときに思い知って、すべて捨てました。だから今ではもう何ともありません。子どもが不幸になっても、何でもない。それは仕方のないことです。人間は自分ですから、自分の責任で幸福になっても不幸になってもすべて自己責任です。それにしても、子どもの入学のときは驚きました。今の時代は自分が成功したいというのは、日常茶飯事ですから大変です。

人に好かれたいと思えば喋れなくなります。私は若い頃、好きになった人がいました。それで全部フラれました。それは私が全く話せなかったからです。自分でも死ぬほど女性を好きになったことが何度かあるのですが、全員フラれました。だからやはり、欲が出ると駄目なのです。私の場合は少々極端なのかもしれませんが。でも自分がもう不幸でいいと決めると、人生というのは自分の思ったことを決断して生きられるということです。私はそうでした。

それから私が尊敬する、読書で知った多くの人は皆そうです。成功した人は、皆成功しようと思って生きていません。私は松下幸之助もそうだったと思っています。松下幸之助の本を読んでも、いわゆる成功思想がないです。もし成功思想に見えた人は、行間を読めない人だということです。あの人は国家社会と人々のために役に立ちたいと思っていただけで、そのために死んでもいいと思っていました。私には松下幸之助の言葉からそういうことが多々伝わってきます。それが激しく出ているのです。

あれほどの人生経験を若い頃にしていれば、そうなると思います。兄弟が九人いて、皆二十歳までに死んでいます。九人兄弟で自分以外全員が二十歳以前に死んだら、自分が成功したいとか幸せになりたいだなんて、基本的には思えません。松下幸之助は環境的に自然な形で築かれたのだと思います。松下幸之助のそういう自分が不幸になってもいい、その代わり国家や社会に役立ちたいという、本当にその志に触れて頂けると、皆さんが第二、第三の松下幸之助として人生がまた始まるわけです。

本当に自己固有の運命に生き、それを貫徹すれば、骨のある人物となります。今私が言ったような生き方をしていると、骨のある人物と他人に言われるような人物になっていくのです。歴史上、「人物」というのは皆そうでした。「骨」というのは、人間のそういう運命を摑んでいる強い姿勢ということです。私はそれを「骨力」という言葉で語りたいのです。骨力というのを「運命的生命力」と私は名付けています。運命の生命力です。ただの生命力ではないのです。自分の運命がもたらす生命力です。

よく「骨のある人間」と表現されますが、それはどういう人間かということです。まず自己の骨を削り、骨を砕いて自己の運命を切り拓く人ということです。だからこういう言葉になっているのです。「骨身を削る」とか「粉骨砕身」などです。「気骨に満ち」とも言います。この「気骨」です。すべて骨で表現されます。「気骨に満ち、土性骨《どしょうぼね》が据わり、全身に気概が漲ってい る」と。それでそのような人間の仕事は、骨折りを厭わず、骨惜しみをせず、また自己の人生に骨休めをすることもないというものです。だからすべて人生上で重要なことは、骨という単語が使われているのです。これがどういうことかと言うと、生命、人生の一番重要なことが、実は「肉」ではなく「骨」だということなのです。「肉」はどちらかといえば遊びのことなのです。そして精神に使われる言葉が「骨」だということです。このような生き方を古来、「骨力」と呼んできたのです。その骨力を創り、骨力によって人生を切り拓く者が、人生で初心を貫くことが出来るということなのです。

私は七十二歳まで生きてきて、この世で一番美しく、この世で一番価値があるものは何かと言われたら、一言で言えばそれは「初心」なのだと言っています。これは本当は誰にでもあるものです。すべての人にあります。この初心をどこまで摑んでいられるかが、私はその人の運命にとって一番重要だということを言っているのです。私はそう信じています。自分でも実際にそうでした。初心というのは、嫉妬とか怨みのようなネガティヴなものはありません。初心は必ず美しいものと良いものしかないのです。だから悪いものとかネガティヴなものは、初心とは言わない。そういう悪いものを抱いたとしたら、そんなものはすぐに忘れなければいけません。初心と言われるのは、必ず清冽で美しくて清い事柄です。だから皆さんも必ず経験がある。大体何かを成し遂げたとか学校に受かったとか、どこかの会社に入ったとか、そういうときは美しい気持、清い心を皆持ちます。その持った心を大切にしなければ駄目なのです。

骨力と初心

例えば一番分かりやすいのは、先ほども言いましたが学校に入学したときがそうです。皆さんも受験で受かった場合、やはり嬉しかったと思います。学校に入ったときの最初の気持です。それを忘れなかった人が、その学校で学び、学んだことが役に立つ人だと思います。また結婚も同じです。結婚するということは、やはり人を愛する気持です。本当に愛しているから結婚する。だから愛さないで結婚なんかする人間は問題外なのです。結婚というのは人を愛するからするのです。その愛をどこまで育み、抱いていくのかが、夫婦として成功したか失敗したかという人生なのです。

私はこの初心を摑んでいくことを心掛けてきました。私の価値というのは、人から好かれる場合でも、皆そこに感応しているようです。私は『葉隠』が小学校の頃から好きで、その思想に惹かれ、そのときに信じたことを今でも信じています。そしてこのまま死ぬまでそうであろうと確信しています。こういうことを初心と言うのです。いろいろな歴史上の人物を研究してきて、とにかく魅力のある人は初心が素晴らしい人です。ただ、普通の人は忘れてしまう。どうして忘れるのかと言うと、これは「水平化」なのです。隣が気になる、周りが気になる、要は他人に好かれたい、評価されたい、幸福になりたいという欲がそうさせるのです。だから私は不幸を厭うなということを言っているのです。

初心というものがどれくらい凄いかという例を一つ挙げると、私自身の文学体験です。私は文学が好きですが、私がどのような文学作品に感動し、どのようなものが嫌いかということです。私は小学校の頃にゲーテの『若きウェルテルの悩み』を読みました。忘れもしない、私が十歳になった一九六〇年のことです。そのときに読んだ本が今でもあって、その『若きウェルテルの悩み』に赤線が引いてあるのです。小学生の私が感動した箇所に引いたものです。そして六十歳を越えてから、もう一冊買った新しい本で再び読み直したことがあります。そして読了後に、赤線の個所を比較したのです。そうしたら九十五パーセント以上、感動した箇所が同じだった。私が感激し、良いと思ったところ、また嫌なところも中には印がつけてある。それも同じでした。だから、十歳のときの気持と、六十歳を越えたときの気持が、九十五パーセント以上同じだったということです。私はやはり自己の初心の力が強いのだと思っています。すべて『葉隠』を愛していたおかげだと思っています。

もう一つ、三島由紀夫の『美しい星』という作品です。これは原水爆の問題を取り扱った、三島由紀夫の最もロマンティシズムに溢れた、私が非常に好きな作品です。この『美しい星』は一九五九年に発表されましたが、私が読んだのは『若きウェルテルの悩み』と同じ一九六〇年です。やはり三島由紀夫の『美しい星』にも赤線が引いてある。これも六十歳を越えてからもう一度読んで比べてみましたが、これも九十五パーセント以上が一緒でした。ある種、私はこのことが自慢できることだと思っているのです。

では、同じ精神をなぜ保持できたかと言えば、これはやはり先ほども言った『葉隠』が好きだから、ということに尽きると思います。私が一番好きな本が何かと言えば『葉隠』です。有名な言葉で使い古されていますが「武士道といふは、死ぬ事と見附けたり」で始まる、武士道の思想の代表的な本です。「死に狂い」の生き方という思想で多くの人に知られています。

この「死に狂い」というのは、何でも死にもの狂いでやるということです。私はその他にも思想の柱だと考えているものが二つあります。それが「忍ぶ恋」と「未完」という思想です。この二つの考え方も人生で本当に大切な思想だということを、多くの人が実感すると思います。若いときにはなかなか分からないと思いますが、歳を経ればいずれ本当に分かります。「忍ぶ恋」というのは、到達できない恋の心をもち続けるということです。到達できないものに憧れ、到達できないものに恋するということです。その心が、私は人生で一番大切だと思っている。また「未完」は、人生が完成せずに、中途挫折することを厭わずに大きなことに挑戦するその生き方を言います。

武士道というのは自分が死ぬための修行です。だから基本的には到達不能なのです。やはり人間が喜んで死ぬなどというのは、誰でもなかなかそうはなれません。人間として最も困難なことに挑戦することです。私はたまたま武士道が好きだったので、運よくいけました。別に武士道だけではなくて、そういう到達不能のことに挑戦していくということが重要なのです。

私はいろいろな人の人生を見ていて思いますが、最初は初心というのは誰でも素晴らしいし、ちゃんと抱き締めています。政治家でも、最初からずるがしこいことを考えている人はいません。いたとしても百人に一人です。百人のうち九十九人は、初心は皆美しく正しいのです。どんな間違った政策でも、そのときの本人はそれが国の役に立つ、これが人々の役に立つと思って皆やっているのです。ところが途中から変わっていく。それはいろいろな「事情」が出て来るためです。ここが重要な所なのです。ここをどう乗り越え、初心を貫徹するかということです。それが「骨力」の問題なのです。

なぜ「骨力」を話すために私が運命論から始めたかというと、運命が分かっていないと本当の骨力というものが分からないためなのです。本当の骨の力というのは、自分の運命からしか出て来ないということです。では骨力とは何か、ということです。骨力を生み出すものはその人間が持つ強い運命と、宇宙的使命という霊魂なのです。それが肉体に内在し、肉体から発しているものを骨力と言います。これは人間だけではなくて、物質にもあります。私が初めて骨力を学んだのは物質からですが、これが人間の場合には「魅力」と言われます。物質でもその魅力ということで分かりやすいと思います。言葉では言い表わせないものです。また物質の場合には「重力」

という言葉で表わすことも可能です。重量感とか重力というもので表わせるものが骨力なのです。要するに人間から発する力とか、物体の中から発する力です。だから魅力があるものというのは、中に骨力があるということです。そして、本当の骨力というのは、それ自身の運命を伴っているものなのです。

竜骨が骨力のすべて

この骨力という言葉を学んだのは、私がまだ二十代の頃です。三崎船舶工業株式会社という小さな田舎の造船所なのですが、私はこの造船所に勤めていました。その創業社長だった平井顕という人を非常に尊敬していて、私は平井社長の下で教えを受けたのです。この平井社長という方は、東大の機械工学を出てから、戦前の海軍で技術中尉でした。終戦になり日本は敗けたわけですが、戦後の復興で日本のためになるのは何かということを平井社長は考えたのです。そして、日本はそのときほとんど全部の船が戦争で沈んでなくなってしまったので、もう一度船を造って日本の水産業の復興と貿易をやらなければ日本は立ち直れない、ということに思い至った。だから平井社長は神奈川県の三崎で、自分で船渠《せんきょ》(ドック)のレールを引く所から始め、三崎船舶という会社を作ったのです。

私はこの方をもともと知っていて、尊敬していました。平井社長に学びたくてその会社に入ったのです。平井社長が戦前に海軍の技術中尉をやっている頃の上司が海軍の技術中将で、平賀譲*という有名な日本の軍艦設計者だった。戦艦建造では、歴史に残るようなエンジニアです。この人は東大総長にもなり、そして海軍中将で海軍艦政本部の部長でもありました。その海軍艦政本部に勤めていた一人が若き日の平井社長です。

この平賀譲という人は日本最高のエンジニアの一人なのですが、「軍艦には運命がある」ということを言っていたのです。その運命というのが、軍艦の竜骨に表われている。その運命に潜む力を平賀氏は骨力と呼んでいたのです。軍艦が建造される船渠にあるときに、まず鋼鉄でその船の背骨に当たる竜骨というものが敷かれるのです。この竜骨の形状を見たときに、その軍艦の骨力が分かるという話を平賀譲から教わったと、私は平井社長から聞きました。その骨力というものは、強い弱いだけではなくて、軍艦の運命を表わしているのだという所に、私は非常に感激しました。今でもそのときのことをよく覚えています。

この平賀譲が言った「骨力」という言葉は、中国の『晋書《しんじょ》』という古典に出ています。書家で有名な王羲之《おうぎし》*、つまり書道で一番の名人です。その人の息子で有名な書家が王献之《おうけんし》*であり、この人も大変有名な人物です。それで、字そのものは王献之のほうが上手いということが昔から言われていました。ところが書の名人として王羲之のほうが上なのです。なぜかということが『晋書』に書かれているのです。それは、王羲之の字は、献之に較べると下手だけれども、字の中に

「骨力」があるということなのです。この書の骨力というものを、平賀譲が軍艦に当てはめているのです。その骨力というものは、書の内部から発する勢い、底力、土性骨、生命力のようなものだろう、ということを平賀譲は語っている。それは表面的な美しさでも品格でも技巧でもないという。強いて言えば「重力」のようなものでしょう。

平賀譲が骨力という概念を初めて持ったのは、日本がまだ英国から軍艦を買っていた頃のことです。最後に買った軍艦が「金剛」という戦艦で、この「金剛」以降は日本が自前で造っていったのです。それでこの「金剛」を平賀譲が英国に引き取りにいったときのことです。ヴィッカース造船所のバロー・イン・ファーネス・ドックという場所で造ったのですが、その「金剛」の竜骨を見て、平賀譲はその強い運命と燃え滾る生命力を感じた、と。それでそのときの軍艦造りに対する本人の確信が、「骨力」という言葉に繋がったのです。その骨力の確信によって、「金剛」の運命を平賀譲が予言したのです。そしてその後も他の艦船について骨力から予言した予言がすべて当たっているのです。

結局、日本は太平洋戦争で「金剛」も失ないました。その他にも多くの軍艦が失なわれました。しかしあの大戦が起こる前に、平賀譲が軍艦の持っている運命というものを艦政本部の人間たちには話していた。それが「骨力」だということなのです。それで一番骨力がある軍艦というのが、今言った戦艦「金剛」です。それから日本で建造した軍艦の場合だと、呉海軍工廠で造った戦艦「長門」、それから平賀譲は駆逐艦「雪風」を挙げていたということでした。

これは戦争が終わってから分かったことですが、知っている人は知っていると思います。戦艦「金剛」というのは、太平洋戦争のときに日本にあった戦艦十二隻の中で最も古い戦艦なのですが、最も活躍した戦艦だったのです。古いから余計に惜しくないということもあったかもしれませんが、一番激しく戦い、一番実績があるということです。

次に旗艦だった「長門」です。「長門」は連合艦隊の旗艦であり、これは終戦のときまで沈んでいません。終戦後に米軍に接収され、米軍のビキニ環礁での水爆実験に使われました。ところが何と水爆でも沈まなかったのです。米軍としては敵国の旗艦を自分たちの圧倒的な力によって、あっけなく海の藻屑にしてやるつもりだったのです。だから強力な水爆でも沈められなかったことを恥じ、内密に後から潜水艦で何本もの魚雷を撃ち込んで、ようやく沈めたのです。これは当時軍の極秘扱いにされましたが、今では文書が公開されています。平賀譲は「長門」が水爆でも沈まないほどの運命の力を持っていることを、「長門」が出来たときから予言していたのです。

駆逐艦「雪風」も有名ですが、「雪風」はすべての激戦となった海戦に出撃し、最後は沖縄に対して特攻攻撃をした戦艦「大和」に護衛艦として同行した艦です。制空権を失なっていた戦艦「大和」の出撃は、初めから全滅必至の作戦でした。実際に「大和」も他の艦船も全滅していま す。しかし「雪風」だけはそこでも生き残ったのです。しかもそのまま終戦まで無傷で残って、無傷のまま中国に接収されました。奇跡の駆逐艦として有名です。

「雪風」の戦歴を調べれば分かりますが、日本の駆逐艦の中で、最も激しい戦いをしたのが「雪風」なのです。それで最も激しい戦いをしたのに、全くの無傷で残ったというすごい軍艦なのです。これもやはり「雪風」が佐世保の海軍工廠で造られたときに、平賀譲が「雪風」の竜骨を見て「この艦の骨力はただ者ではない」と言った。「この艦は歴史に残るすごい運命を担うだろう」ということを海軍艦政本部の部下に話したということです。それを平井社長から私は聞いたのです。私はこの「骨力という思想」にものすごく魅力を感じました。

勇気は捨身心

要するにただ力があるだけではなくて、骨力とは自分に巨大な運命を引き寄せる力なのです。私は一番最初に宇宙からの力を自分の中に注ぎ込むと言いましたが、この宇宙の力を注ぎ込むことが出来るものが骨力なのです。これは人間以外にも、物質にもあると先ほど言いました。ただ物質というのは偶然なので、どれがそうなのかは分かりません。しかし人間だけが、その骨力というものを自分で創り養うことが出来るのです。

自分で創ることが出来るということが、私は人間の持っている最大の自由だと思っています。だからこの骨力のすごさというのは、生命力自体ももちろんすごいのですが、生命力だけではなく、その生命力が運命の力を引き寄せる所まで来たものを骨力と言うのです。それが本当の人間の「骨」なのです。だから私は「骨の思想」として、いろいろなところに骨力のことを書いているのです。私の最も好きな思想なのです。

それでは骨力に生きるには、どうすればよいのか、ということです。骨力という言葉を平井社長から聞いたとき、その骨力に近い言葉として平井社長が大切にしていた言葉がありました。それは中国の古典の『老子』の中にある言葉で、「その志《し》を弱くしてその骨を強くす」と言う言葉です。それで「志《し》」というのは昔の中国では、自我という意味なのです。だから自我を弱くすると、骨が強くなるということを老子は言っている。自我というものが水平を招き入れるのです。例えば認められたいとか、隣の人間が気になるとか、点数が気になるとか。これが自我です。この自我を弱くすることで、骨が強くなる。骨というのは垂直を目指す力です。要は初心です。こういう言葉を私は平井社長から聞いた。

この骨力というのは一つの霊魂であり、捨身から生じる心であると思われます。人間の場合はそうです。私は骨力については、二十四歳のときに聞いた話なので、もう四十八年経ちます。その間にも一番好きな言葉であり続けた。私は骨力という言葉からいろいろなことを考えています。そして一番重要なことに気づくときがあった。そして骨力というのは、勇気が引き寄せて来るということを確信したのです。

勇気であるということは一つの霊魂であり、捨身心から出るということです。だから自分の幸福とか、成功とか、健康などを考えていると、骨力はどんどん弱くなるということです。骨力とはその捨身心と垂直を仰ぐ生命力の根源に対して、私は宇宙から降り注ぐ運命だと思っています。捨身心と垂直を仰ぐ生命力が高まって来ると、宇宙から強い運命がもらえるのです。それが物質でもある軍艦にも来るし、人間の場合には、自分からそうなれるのです。

ところで皆さんから見て分からないかもしれませんが、私の体というのはもうほとんど死んでいるのです。私の体は医学的には腸もほとんど活動しない、壊れているのです。肉体としては死んでいる。これまで四度、五度死にそうになっていますし、薬品の害もあります。四十歳前からずっとそうです。血管も医学的に調べればボロボロです。二十代の頃に血管を調べたことがありますが、そのときには血管年齢が九十歳以上と言われました。そのくらい薬害で私の血管は衰えているのです。そういう私が今七十二歳で、こうやって活動しているわけですから、私はこれが骨力だと思っているのです。宇宙から力をもらっているのだということです。

理論的にはありえないので、あまりこういうことを話しても嘘に聞こえかねないので言いたくないのです。でも本当の話なのです。自分の体というのは死んでいるわけですから、宇宙から何か新たな力でももらわない限り、生きていられるわけがない。ところが私は会った人の多くが、それこそインターネットで今話題の「10ミニッツTV」でよくお会いしている松下政経塾 副理事長の神蔵孝之さんも、私くらい生命力が強い人間は見たことがないと仰っています。そう見えるほどの力が、骨力だということを言いたいのです。私の力ではない。そして、人間だけが自分の意志でそれを保つことが出来るということも確かなのです。

繰り返しますが、保つには勇気だけが必要なのです。勇気がどんどん骨力を引き寄せる。それは問答無用の生き方、体当たりの生き方から生まれる現象です。もともと骨力があれば、逆にそのような生き方に結果としてなってしまうのでしょう。それほど、骨力には大きな力があるのです。そして勇気が重要であることは、私の四十年、五十年の経験で確かなことです。勇気がなければ、自分の骨力は増進しません。また、勇気というのは捨身心を生み出します。その捨身というのは肉体でのこともありますが、人生で成功を望まない、幸福を求めない、肉体だと健康でいようと思わないということなのです。

そういう捨身心が、何らかの力を生み出しているのだと思います。私はそういう意味では死ぬ気で生きているのですが、現に七十二歳になった今も死なないのですから、そうとしか思えない。そうそう人間は死なないのだと思っています。皆さんも大丈夫だから、勇気を出して生きた方がいいです。いつ死ぬのかは誰にも分からないことなのです。

この世の価値観を削ぎ落す

骨力の持つ運命ということで話していますが、卵と鶏ではありませんが、骨力が出来て来るという現象と、勇気と矜持、誇りが増えて来るのには相関関係があります。だから気概のある人生を構築する、戦い挑戦する人生を構築する、自己の運命を愛する。これらのことは、私はすべて骨力と関わることだと考えています。ここもまた勇気の代名詞ですが、骨力によって先ほど言った「未完」に向かう人生を生きることが出来るようになるのです。人生というのは、纏めよう、完成しようとすれば必ず欲が出て来ます。未完のまま死のうとしなければ駄目です。だから私が死ぬ日まで体当たりをし、結果は求めずに死にたいというのは、そういうことなのです。未完に向かう人生です。そして未完を受け入れるということは、勇気がいることなのです。それがまたさらに骨力を生み出すということです。

未完と意味は同じですが、答えを求めぬ生き方になることも重要です。だから自分の運命に対して答えを求めている人は、この骨力と呼ばれる底力は永遠に生まれません。答えを求めていれば、知識は集まります。しかし浅知恵は付いても、骨力は付かないということです。それからこれは最も大きいことかもしれませんが、骨力が付けば、愛と正義を断行する力が出てくるということです。愛や正義には価値はありますが、要は断行しなければ何の意味もないものです。しかしこの愛と正義の断行というのは、捨身心がなければ出来ないのです。つまり勇気です。ここに骨力の意義があります。

こういう骨力が付いてくると、どのような人物になるのか。これは歴史上でのことですが、清濁併せ呑む生き方になっていきます。だから現代流の良い人間になりたいと思っている人は、骨力は付きません。悪い人間になりたい場合ももちろん駄目ですが、良い人間になりたがってもまた駄目なのです。とにかく骨力が付くと清濁併せ呑む人間になるということが第一義であって、第二義はこの世の価値を低くし、宇宙的使命に全力を投球する人間になるということです。もちろん松下幸之助も当然そうですが、それ以外にもいろいろな価値のあることをした人間というのは、皆この世のことには価値を置いていません。誰から見ても、皆宇宙的使命に生きています。

この人類の使命、宇宙的使命に生きていない人などは、何も出来ません。この世の価値など求める人間には何にも出来ないのです。ただ、松下幸之助の場合には、今の人に理解できるものだけが松下幸之助の価値として残ったということです。物質的な豊かさをもたらす物です。でもこの残ったものというのは、松下幸之助自身に言わせれば、排泄物と一緒でただのカスです。こんなものを大事にしていても駄目なのです。この排泄物を生み出した「エネルギー」を摑まなければ意味がないのです。

骨力を付ける上でまた重要なことは、私の実感ではありますが、やはり人に嫌われることを厭わないということです。人に好かれようとすると、とたんに骨力が薄れていきます。だから現代の人には非常に厳しいと言えるかもしれません。私の経験でそうだったということで、もしかしたら一般論ではないのかもしれません。私の場合、覿面《てきめん》にそうだったので、確かなことと思っています。この世の価値観を削ぎ落とすと骨力が生きて来ると言いました。それで、この世の価値観を削ぎ落すのですから、それ自体にも勇気がいるのです。やはり勇気がないと出来ないことです。これは変な話なのですが、私が知っている骨力があった人というのは、身近な人の場合は葬儀にも出て、私は遺骨を骨壺に納めるまで付き合いました。そうしたら不思議なのですが、本当に骨も普通の人の倍あったのです。平井社長のときも私は葬式に行き、やはり骨を拾わせてもらいましたが、平井社長は骨壺が二つ必要でした。一つでは足りなかったのですが、二つ目にもびっしりと入っていました。

悪漢政こと奥津政五郎氏は、マグロ漁船で日本一の船頭だった方です。後に奥津水産を興し、私が三崎船舶にいた頃に大変可愛がってもらった。通称・悪漢政と言ってとても面白い人なのです。私が二十代の頃にもう九十歳でしたが、ものすごい精気があり、素晴らしい人でした。その人は九十八歳で亡くなりました。この人のときもやはり骨壺が二つです。

執行一平と執行千鶴子。これは私の父親と母親です。父と母も、私から見てものすごい骨力を持っている両親でした。父には私は一生勘当されていましたが、父は父で九十六歳で死ぬまで私の人生観などは一切受け付けない、強烈な独自の人生観を持っていた人です。だからすごい骨力の人で、戦前型のエリートでした。そういう父も骨壺二つでした。一つでは全く間に合わない。

母もすごく面白い人で、日本にはもう二度と出て来ないだろうと思われるような魅力のある人でした。母は八十九歳で亡くなりましたが、この人も普通の女性の二倍です。私が現実に知っていて骨力があると思った人というのは、本当に骨も二倍あるのです。これはもちろん解明不能ですが、現実の話として皆さんにお伝えしておきたい。だから昔の人が精神とか土性骨、人間の精神のことを「骨」と呼んでいたのは、私はやはり理由があったんだと思います。

それで欲望は肉ですから。昔の人が「肉欲」とか、欲望を肉と呼び、精神を骨と呼びました。私はやはり骨に特化した生き方が、素晴らしいと考えているのです。この世の価値を求めると弱さが必ず出て来ます。「肉」が出て来るということです。だから皆さんに最後に言いたいのは、成功をしたい、幸福になりたい、人から認められたい、それから最近多いのが、生きがいが欲しいというのも駄目なのです。自分の生きがいというのは、エゴイズムですから。自分が欲しがるものはすべて駄目なのです。

誰でも分かると思いますが、金儲けがしたいとか、異性にモテたい、というのも当然駄目です。これがあるとその途端に急降下です。反対にこういうものを捨てると、運命が生きてきて、骨力も生まれるというのが私の体験談だということです。人間は初心を中心として、清く美しいものの上を生き続けなければならないのです。いかに損害を受けようと、それだけが、自分の運命に真の土性骨を入れる力となるのです。

質疑応答

神があって、我々がある

——執行先生の「初心」のお話に感動しました。それで、初心というものは必ず正というか、ポジティブなものになるのでしょうか。最初のきっかけが例えば嫉妬や怒りだったり、または怨みというようなネガティブなことを原動力としてしまうこともあるのではないかと思うのですが。

執行　初心というのは、嫉妬とか怨みのようなネガティヴなものはありません。初心は必ず美しいものと良いものしかないのです。だから悪いものは、初心とは言わない。そういう悪いものを抱いたとしたら、すぐに捨てなければいけません。悪いものは必ず「比較」による水平思考が生み出すものなのです。俗世間ということでしょう。それは「心」にはならない。「生活」ということに尽きるのです。初心となるものは、天を目指す垂直の精神なのです。だから、初心と呼ばれるのは、必ず清冽で美しくて、清い事柄です。だから皆さんも必ず経験があります。何かを成し遂げたとか、学校に受かったとか、愛する人と親しくなれたとか、どこかの会社に入ったという経験を思い出してみれば分かります。そういうときは美しい気持、清い心をみんな持ちます。その持った心を大切にすればいいのです。

――また、先生のお話で、命よりも大切なものがあるのが人間で、ないのが動物なのだというお話に圧倒されました。

執行　人間と動物の違いは、そこにあります。動物はそういう自己中心であっても良いものとして、この地球上に創られています。だから動物は「自分」だけでいい。それで、我々はどうして人間、人類になったのか、ということを私は問うているのです。人類として創られたということは、自分よりも尊いものに自分の命を捧げるために、そういう存在となったということなのです。だから人類として生まれたからには、それを実行しない限りは動物的な価値もなくなる。なぜなら、我々よりも動物のほうが肉体的にはよほど優れているからです。人間がどんなに身体を鍛えても、ライオンより強くなることはありません。我々人類がどうして偉大なのかと言えば、愛や正義というような尊いものに自分の命を捧げることが出来るということだけなのです。動物には出来ないことをやるから、人類は偉大なのです。

しかしながら、今の時代には自分の命よりも大切なものを持って生きている人間はほとんどいません。その大きな理由は、今から約五百年前ルネサンス期から、人間が神を失なっていく過程に入ったということが挙げられる。我々は神に創られているのです。つまり宇宙の一環として生まれたということです。それが神を忘れ、エゴイズムに向かって生きている。人間の宇宙的使命とは、他の尊いものに自分の命を捧げることなのです。その宇宙的使命を、人間に与えた存在の大本を、人間は五百年前に「ヒューマニズム」という人間中心の考え方を生み出したことによって失なっていったのです。日本でいえば、絢爛豪華な安土桃山文化が、ルネサンスにあたります。日本も西洋と同じ流れです。

ヒューマニズムとは何かと言うと、神の軛《くびき》から出て、人間そのものに愛がある、自由があるということの主張です。ルネサンスそのものが悪いわけではないのです。あの時代は宗教も行き過ぎて酷かったのです。本当は我々が人間として生きる自由、心の自由を欲したのがルネサンスだったのですが、そこから人類の多くは取り違えてしまった。人間が楽しく生きていい、自分たちが好きなように生きていいと思ってしまったのです。時代を経て、そちらへどんどん流れていきました。

十九世紀にヒューマニズムへの反動で、宗教が甦ってきた時代があります。しかし、反動で出来た宗教運動だったので、極端でとんでもないものばかりでした。やはりそれでは駄目だということで、二十世紀からは完全な物質文明になってしまったのです。それが発展して、自分さえ良ければいいというエゴイズムとなり、豊かになればいいという今の無限経済成長政策になったのです。経済の無限成長などというのは、昔の仏教用語で言えば、餓鬼道《がきどう》に堕ちた我利我利亡者《がりがりもうじゃ》です。しかし今やその我利我利亡者であることそのものが分からなくなったほど、人間中心主義になってしまったのです。

自分たちが中心になってしまったので、人間の一番清い心が失なわれてしまいました。重要なことは、自分が一番上になってはいけない、ということです。やはり我々は宇宙から生み出されたものであり、地球によって生かされている存在なのです。だから、宇宙や地球の存在が常に上にある。昔の人の言葉であれば、それが神ということです。神があって、初めて我々の存在があるのです。我々は絶対に一番ではありません。

「家畜化」の安らぎ

――人間が神を忘れ、トップに立ったというエゴイズムの世界に支配されている中から、私たちはどのように希望を持っていけばいいのでしょうか。

執行　基本的なことを言いますが、今の社会を変えて正しい方向へ導くことはもう出来ません。そういう意味では希望は持てないのです。だから私が言っているのは、自分独りだけで生き、自分独りだけで死のうと覚悟するだけなのです。今の社会から逃れることが重要なのです。今の人類は、原水爆を造って以来、自分で自殺過程に入っている。その流れに呑み込まれてしまってはいけないのです。

これは食品問題を見ても、高分子化合物などの還元不能な公害物質などの問題を見ても同じです。すべてが後戻り出来ない世界になっている。原子力の問題では、今すべての原発を止めても、核燃料棒を捨てる場所がもうないのです。もう人類は、自殺過程に入ってしまったのです。こうなったら、行く所まで行くしかありません。だから私が皆に言っているのは、自分だけが人間であろうとし、自分だけただ独りで生き、ただ独りで死ぬということです。その覚悟がない人は、この時代に呑み込まれるしかありません。独りで生きるのが嫌で、人に認められたいと思っている人は、今の社会に呑み込まれてしまいます。この物質文明というのは、それほど凄まじい力があるのです。

私自身はもちろん、ただ独りで生き、ただ独りで死ぬと思っています。だから私は人に看取ってもらいたいと思っていません。死ぬ日まで自分が信ずる活動を貫いて死のうと思っているのです。それは別に私だけではなく、そうやって生きる人だけが、この経済社会に呑み込まれずに生きられるのです。そういう人が世界中に何人いるかは分かりません。そういう人数を気にしたり仲間を募るということはもう駄目です。仲間とは、精神が生きている時代でないと持てないのです。今はその精神そのものが破壊されてしまっています。

それで私は「動物化」とは言っていないのです。そうではなく「家畜化」と言っている。今の人間がこのまま進めば、動物にもなれません。動物というのはもっと素直で純粋です。今の人間が行き着くのは家畜です。どういうことかと言うと、自分の権利と餌だけをもらおうとしている、ということです。恐らく、今の犬や猫、また牛や豚などの家畜は、我々のことは餌をくれる奴隷だと思っています。勘違い自体が分からなくなっている。皆さんはそう思わないだけです。
もしも自分を家畜だと思っていたら、そういう情けない家畜などになる人はいません。だから、家畜になった動物というのは、動物であることを忘れた動物です。だから何万種類かあった動物の中で、人類が家畜化できたのはペットも含め何十種類しかいないのです。脳の変成に成功した動物だけが家畜となった。だからうちの犬が可愛いとか言っていますが、実際には動物の中の落ちこぼれなのです。人間に媚び諂《へつら》って、人間から餌をもらって、悠悠自適です。

AIと人類

――自分が家畜になっていくのは誰でも嫌だと思うのですが、どうして受け入れてしまうのでしょうか。

執行　それが良いことだと思われているからです。ある大手IT企業の社長が話しているのを直接聞きましたが、これからAIとロボットがどんどん発展していって、やがて人間はもう働かなくてもよくなると言っていたのです。全員が豊かな経済社会で充分に生きられるのだということでした。本人は理想的な社会の到来と言いたかったのでしょうが、私は家畜化を確信しました。もしもその状態を「豊か」だと思えるなら、それが家畜なのです。ローマ帝国では「パンとサーカス」と呼ばれていました。ローマ市民は働かなくても食べられ、その上娯楽を提供されていました。AIが発達したら、人間は一日中遊んで暮らせるとその大企業の社長が言っているのです。これを家畜化だと思わないのなら、すでに本人が家畜になっているということです。それで私は考えるのですが、もしもAIが新たな人類になれば、今の人間はAIの家畜になると思います。

そういう世界を描いた文学があります。ジョージ・オーウェル*の『一九八四年』です。あの中に登場するビッグブラザーという管理社会の支配者が、今で言うAIである、ということなのです。私は確信しています。よく「お筆先*」と言いますが、人間の言葉が何か大きな存在によって発せられることがあるのです。だから本当に素晴らしい文学というのは、そういうものなのです。ドストエフスキーの『カラマーゾフの兄弟』は、ドストエフスキーが書いたのではありません。あれは神によって書かされた。神からお筆先になる力をもらっただけです。ジョージ・オーウェルもそうです。近未来に人間が、AIの家畜になっている世界を書かされたのです。あの当時はまだAIの概念はありませんから、超越的な人間として表現されていただけです。この先AIが発展して、本当に素晴らしい活動が出来るようになったら、AIが人類になるということです。つまり今の人間に成り代わってAIが神を志向するようになる。その時代が来れば、先ほどのIT企業の社長の言う人類が遊んで暮らす社会になるのです。彼にとってはユートピアなのかもしれませんが、私は破滅だと思っている。

地球上の類人猿と呼ばれる肉体に、宇宙からきた人間の霊魂が入ったものが人間なのです。そしてその霊魂は神を志向し、自分を尊い価値に捧げる働きをします。その霊魂を今の人間が捨てるのですから、それがどこに行くのかは分かりません。私はそれが金属にも機械にでも入ると考えています。「霊魂」は別に生命体にだけ入るものではないのです。テイヤール・ド・シャルダンという有名な学者がいますが、シャルダンは人間の魂は、この大宇宙の最後には一つの天体になると言っている。シャルダンはカトリックの神父であり、古生物学者でもある人物です。『現象としての人間』などの数々の名著を書きました。シャルダンは、宇宙が終わるときに人類のうち人間の魂を持っている者は、その魂が天体として宇宙に残ると言っています。そしてその天体のことを、「オメガ点」と名付けています。「オメガ点」という星になるのです。私は人類の魂というのは、そういうものだと考えています。今はまだ我々に入っています。これは、神から選ばれてそうなったのです。

それは、神を志向し、他の価値のために生きる真の人間としての魂です。そしてそのことを話しているのが、釈迦でありキリストなどの大宗教家たちです。だから釈迦、キリストの言葉を聞いていれば、こんなことにはなりませんでした。しかしキリストたちが何度出てきても言うことを聞かなかったので、段々と今の社会に近づいていったのです。もしかしたら、今の人類が滅びて新しい人類のために、神がＡＩを作らせたということもあるかもしれません。重要なことは、私は人類の破滅と見ているのですが、ＩＴ企業の社長は素晴らしいユートピアが来ると思っていることです。私は違いますが、多くの人類が喜んで滅んでいくのですから、何か大きな存在の意図を感じても不思議はないと思います。しかし私は社会保障で何もしないで食べて、娯楽で遊んで生きて行くような存在物を軽蔑します。

——もしもAIが神の意志であるとするなら、執行先生はその意志に従うべきだと思われますか。

執行　従うかどうかと考えているものは、神の意志ではありません。神の意志とは、宇宙の意志です。だから、人間にとって良くても悪くても遂行されていくだけです。従うとか従わないという範疇の問題ではありません。人間は抗えないものだと知らなければなりません。問題外としか言いようがありません。神の意志に従うかどうかという考え方自体が、実はヒューマニズムの罪なのです。要するに、人間が神と対等の位置にいるのです。従わないとするなら、人間が神を凌駕している。知らないうちに、ここまで人間は来てしまったのです。

IT企業の社長は、AIが人類を破滅させるものだとは全く考えていません。今の人類にとっては、AIが恩恵をもたらすというのが大多数の意見だと思います。AIが人間のために働き、人間に尽くそうとしていると考えている。しかし私にとって、それは破滅なのだ、ということです。私は家畜として生きるのは嫌です。動物も、家畜になることを嫌がっているものがほとんどです。自分の力で餌をさがし、自分の力で生きようとしています。自分が神から与えられた命を生きていることだけが、普通の動物の生です。神でもない人間から餌を与えられ、その人間に媚びてまた餌をもらおうとするのが、今の家畜でありペットです。私はあんなものは動物以下で、問題外だという話をしているのです。しかし今の人たちはそれを「発展した」くらいに思っている。もちろん私とは違って、人類が進んで家畜化しようとしているというのは言い過ぎだと思う人も多いと思います。

しかし実際に、「パンとサーカス」の時代のローマ市民は、みんなそれを素晴らしい政策として受け入れていたのです。遊んで暮らしていくのが理想郷だと思う人間とは、私は意見が合わないというだけのことです。なぜなら、遊んで暮らすのを求めるというのは、人類の宇宙的使命を考えていないということですから。私は、なぜ人類がこの世に創られたのか、そういうことを若い頃からずっと考えています。そして分かってきたのは、他の動物には出来ない、本能を乗り越えた人間だけの使命のためなのです。自ら進んで人間だけが、自分以外のもののために命を捧げることが出来るのです。自分が死んでも、愛する者のために食糧を分け与えられるのが人間なのです。貧しい時代には、食糧が少ない。だから自分が食べずに子どもに食べさせるというのが、どこの家庭でもあった。ああいうことが出来るのは、人類だけです。それが人類の価値だということを私は言っているのです。

自分の力で生きたい

――今の家畜化へ向かい、それを歓迎しているような人間の目が覚めれば、ＡＩによって支配される社会はなくなるのでしょうか。

執行　ヒューマニズムから来る、五百年の大きな流れというのは、もう止めることは出来ません。その止めたい、変えたいと考えるところが、神を失なったことの証左であり、人間が中心でかつ最高の存在だと思っていることを示しているのです。自分たちの力が大きなものだと思っている。私が言っているのは、何らかの人類的価値を体現する場合は、ただ独りで生き、ただ独りで死ぬ覚悟がなければならないということだけです。もしかしたらそれが、我々地球上の類人猿が人間として与えられている使命を、結果論としては全うすることになるかもしれません。しかしそれは、分からないことです。

ＡＩに管理された社会を楽しみにしている人は多いです。今の人間が社会保障にすがっていることからも、容易に想像がつきます。しかし先ほども言いましたが、動物は自由に自分で餌を獲りたいのです。だからほとんどの動物が家畜化されなかった。自分の力で生きたいのです。ところが今の人間は、社会保障によって、自分以外の力で生きたがっている。これをおかしいと思うかどうかということです。

――松下幸之助が言う「新しい人間観」で、主体性や当事者意識というものを核にした考え方を「万物の王者」と呼んでいました。執行先生が言っていることも、同じものなのでしょうか。

執行　その通りです。松下幸之助も人類というものを、高く見ていたのです。だから「崇高」とよく言っていました。崇高を求めなかったら人類ではない、と松下幸之助も言っているのです。

その崇高とは何かと言えば、自分の命を愛や義などの何か信ずるものに投げ捨てるということです。そういう行為が「崇高」です。崇高というのは単なる美しさでもないし、正しさでもありません。動物には出来なくてもいいのです。動物はあれでいい。自分が神から与えられた、寿命を充分に生きればそれでいいのです。人間だけが、それをやるのです。

私の世代は、みんな親の家を出たがっていました。私もそうでしたが、みんな早く親から独立して、親の家から出るのが望みでした。親がうるさかったから、みんな家にいるのは嫌だったのです。ところが最近の若い人と話していると、みんな親と一緒にいたいと言っている。なぜかというと、一緒にいたほうが楽で得だからだと言うのです。私には信じられないことです。若い頃から下らない損得で、何を考えているのだろうと思う。やはり世の中に出て、失敗しても独りの力で生きようと思うほうが普通だと思います。失敗はあるかもしれません。それは本人の責任で、失敗から学ぶしかないのです。

私は割といい家のお坊ちゃんでした。だから贅沢三昧で暮らしていたのです。それで自分で会社を辞めたところで家から追い出された。その後、三崎船舶に就職したということです。なぜ三崎船舶に入ったのかと言うと、もちろん社長を尊敬していますが、それとは別に寝泊まりする場所があったからなのです。ドックハウスという、船員が泊まる宿舎があった。船をドックに揚げたときに、船員たちが船の修理が終わるまで寝泊まりする施設だったのです。そこに管理人兼用で無料で住まわせてくれるということで、喜んで三崎船舶に入ったのです。金持ちのお坊ちゃまから要は木賃宿の貧乏人まで真っ逆さまでした。

最初は大学を出たときに大正海上火災、今の三井住友海上火災に入りました。しかし私は大企業はどうしても合わず、すぐに辞めたのです。そうしたら父親が大変な怒りようでした。一度入った会社を辞めるのは男じゃないと言われ、身ぐるみ剥がされて家を追い出されたのです。それから就職先を探して、三崎船舶に入ったということです。私の場合はそういう経緯ですが、家を出たがるというのは私の友人たちも皆そうでした。

ゴミは隣に捨てればいい

——松下幸之助は初めに自転車のランプを作ったと聞いています。当時の人々の役に立ち、暮らしを豊かにしたいということだったと思うのですが、そういう物作りの精神が発展して、ＡＩというものに繋がっていったのでしょうか。

執行　そういうことです。松下幸之助が作ったのは砲弾型電池式ランプです。もちろんおっしゃるように、最初は人々のため、ということなのです。だから初心が悪いということではないのです。ただ、限度を弁えないということが駄目なのです。初心は美しいのに、そこから原子爆弾や高分子化合物などに繋がっていった。

――私たち利用者側が、使い方をきちんと考えていないことも問題ということでしょうか。

執行　それが全くないとは言いませんが、そういう問題ではなく、やはり人間が「人類とは何か」「人間とは何か」という基盤を忘れたということなのです。言葉にすれば「神」ということなのですが、要するに人類に対する裁定者がいなくなったということです。それがルネサンスから始まったという話を先ほどしました。人間というのは、必ず自分たちがやっていることの善し悪しを裁定してくれる存在が、上にいなければならないのです。昔はそれが「神」という形であったと思っています。

「神」がなくなってしまったから、人類が暴走しているのです。その暴走の極まったものが原水爆です。つまり人間が自分の力で制御、解決できないものを造って平然としているのです。むしろ人類のために貢献しているつもりすらある。これは高分子化合物も同じです。自然に還元されませんし、もちろん人間の力では何も出来ません。プラスチックなどが代表ですが、この問題だけでも人類は滅びるのです。たとえ今すぐ作らなくなっても無駄です。人類が今までに作ったプラスチックの量だけで、もう助からないのです。私が大学を出た頃は、原発反対運動が盛んでした。しかし今からまたやっても無駄です。世界中の原発を止めても、今ある核燃料棒だけで地球の土壌はすべて破壊されます。もうそこまで人類はきています。

――ロケットで月にまで行けるようになってから、自分たちが宇宙すら支配しているような感覚になっている気がします。

執行　確かにそういう錯覚を起こしています。科学の無限発展を考えている人は、核燃料棒の廃棄先を「人間は馬鹿ではない」と言い、「だから月や火星に捨てればよい」と本気で言っています。これがどれほどの傲慢さかも本人は分かっていません。月も火星も、その他の宇宙のすべてが人類の所有物だと思っている。こうなるともう終わりは近いと私は感じています。

分からなくても読む

――執行先生は十歳の頃からゲーテの『若きウェルテルの悩み』を読まれていたと伺いました。自分は十八歳で初めて読んだのですが、今の若い方に聞いてもゲーテに触れてもいないようです。なぜこれほどまでに読まれなくなったのでしょうか。

執行　要するに、読んでも得がないからです。今の人は損得が中心だから、得をしなければ見向きもしません。私が読書を続けてきたのは、成功しようと思わない、幸福になろうとしていないからなのです。そうでなければ、役に立たないことは出来ません。だから実際、多くの人が「文学なんか読んでいる暇はない」と言っています。今の若い人などは「そんな暇があったら資格を取りたい」と言うのです。

そういう損得を一度捨てなければ、人類とは何かという問題を真面目に考えません。私などは反対に、子どもの頃からずっとそればかりで生きています。そういう意味では、私は役に立たないことしかしていないのです。だから私は何の資格も持っていません。運転免許くらいです。他には何も持っていないし、欲しいと思ったことすらありません。

今の人には私のような考えは分からないのかもしれませんが、私は小学校一年生のときに初めて本を読んだわけですが、それが『葉隠』だったのです。なぜ読んだのかと聞かれても、これは分かりません。ただ、その直前まで死病を体験し、奇跡的に助かって家に戻って読んだということしか言えません。何かそういう経緯が関係しているのかもしれませんが、とにかく父親の書棚から『葉隠』を取り出し、それを読みたくなったのです。だから私は読書に関して最初から努力もしていません。漢字が読めないので、母親に全部仮名を振ってもらい、読みました。『葉隠』がどんな本なのかももちろん知りませんでした。どうしても説明しろと言われれば、もう霊能としか言いようがありません。

そして最初に「武士道といふは、死ぬ事と見附けたり」とか、また「恋の至極《しごく》は、忍ぶ恋と見立て申し候」という言葉に、感動したのです。もちろん子どもですから分かったということではありません。ただ「カッコイイなぁ」と思ったのです。この「恰好」に生涯を捧げようと思った。だから私は運が良かったんだと思っています。

私は会社を経営していますし、お客様や社員、またさまざまな関係者がいます。そういう人たちに何か力になりたいから、いろいろなアドバイスをすることも多い。しかし自分自身には全くないのです。人にはああしたほうがいいとか、こうしたらどうかということを言います。しかし、自分のことはまるで考えたことがありません。失敗とか不幸を何とも思わないので、自分の人生のことを考えたことなどなかったのです。私の人生を知っている人は、「執行さんは不幸で大変な人生でしたね」と言います。しかし、そんなことは全くありません。私は何のこともない人生だったと思っています。人から好かれたいと思ったこともありません。友達も欲しいと思いません。人に分かってもらいたいと思ったことがありません。会社の社員にも、自分をもっと理解しろと思ったこともない。家族にも何もありません。そういう点では全然苦労はないのです。小学一年生のときに、武士道的な美意識から人生が出発しただけです。

　私は禅の言葉が好きです。覚えた禅語が、四十歳になり五十歳になって、いろいろな体験を積んで、肚にズドーンと落ちてきた体験が多いのです。しかも、多くが小学生の頃に覚えたものなのです。それだけ夢中で覚えていたということです。ではどうして覚えたのかというと、それもカッコイイからです。禅というのは何か男らしい感じがするのです。武士的な風もある。だから覚えたということです。全く内容は分かりませんでしたが、それでいいのです。

　分かろうとすると言葉も覚えられないし、本も読めません。私は小学校の間に、当時出ている岩波文庫をすべて読みました。読んでいない本は一冊もありません。だから当然ニーチェ*やカント*から、ヘーゲル*まで全部読んでいます。しかし何も分かりません。ただひたすらに、偉大なものを読むことそのものが好きだったのです。一行くらい、もしも分かればいいと思って読んでいたのです。だから全部読めました。

今でも覚えているのが、カントの『純粋理性批判』です。私が読んだ中で最も難しかった。それを岩波文庫で読んだのは小学校六年生でした。何ひとつ分からなかった。何も分かりませんが、私は読み通したのです。全巻で四冊あったと思います。私は皆に失敗しろと言っていますが、私が『純粋理性批判』を分からないで読み通したというのは、要するに失敗であり敗北なのです。しかしその敗北が、私に偉大な貢献をしてくれたのです。『純粋理性批判』を必死に読んでから、七十二歳の今日まで、私にとって難しい本は一冊もないのです。超絶的に難しい本を読み通すと、その他が馬鹿みたいに簡単になるのです。全部が簡単です。そういう良かったご利益がある。だから分からない本を努力して読むことも、少しも悪い事ではないということです。

芸術の使命

——人間の社会が崩壊した後に、価値あるものとして残るのはどういうものなのでしょうか。

執行　私が提唱し実行していることですが、私は人間社会が崩壊して新たな人間が復活していくために必要なものは、芸術しかないと思っています。今、神を失なった我々に、神を信じろと言っても無理なのです。誰ももう信仰は取り戻せません。だから直接に神を取り戻すのではなく、宇宙、神、そして人間の躍動する生命力、そういうものが打ち込まれているものとしては、私は芸術しかないと考えています。これから世の中がどうなるか分かりませんが、私は人間が躍動した痕跡が残っていると自分が信じる芸術作品を集めているのです。それを「憂国の芸術」と名付けて、自分の会社の中で展示も行なっているのです。その活動は、私自身の使命と考えています。芸術しかないのです。まだ芸術に人間の魂の躍動の可能性が残っているのです。だからこれからの人間には、芸術が非常に大切です。この人類が指一本ひっかかっているとすれば、それは人類が生み出した芸術だけです。

——先日、執行先生の会社で「禅と武士道」という展示を拝見させて頂きました。禅僧の書があり、一方で宮本武蔵*の書もありました。さまざまな方の書があったのですが、私は何か通底するコンセプトを感じ、それが執行先生の哲学かと思ったのですが、いかがでしょうか。

執行　その通りです。要は私が集めている芸術というのは、今の芸術作品としての評価ではなく、人間の初心や真心、それから生命の躍動するエネルギーが叩きつけられている作品を一貫して集めているのです。そして、そういう芸術作品が残っていけば、極端に言うと人類がどんな状態になったとしても大丈夫だと考えています。才能がある人間は、五百年後も千年後もいます。そういう才能のある人間は、残された芸術の作品を見て、そこから必ず人類が培った美しいもの、偉大な何かを摑み取ってくれると信じているのです。私の会社で展示しているものも、来られた方の多くが驚いています。要するに、すべての芸術作品が一つの中心的哲学思想で集められ、それを常時展示して公開しているというのは、全国的に見てもほとんどありません。言い換えれば、それほど今は「志」がなくなったということです。芸術の力を分かっていないのです。
なかには、私が集めなければ捨てられているような芸術作品もたくさんあります。それを修復したり、額装や軸装をやり直したりして、なるべくいい形で将来に残す活動をしているのです。私がそういう活動をしようと思った一つの理由が、自分の『万葉集』の体験なのです。私は古代人と話が出来ると言っていますが、肝心の『万葉集』が残っていなければ出来るわけがないのです。だから『万葉集』を残してくれたということは、大変なことなのです。もともとは、大伴家持が編纂しました。大伴氏は藤原氏に政治的に負けました。そこで、日本人の本当の心を後世に残そうと思って編纂したのです。最初に大伴家持がそういう心を抱かなければ、今の日本に古代の日本人の心は残らなかった。そこから連綿と誰かが受け継いでくれ、そして実際に、古代からの日本人の真心が私の中に甦ったのです。だから、残っていればいいのです。その残し受け継いでいくことを、私はやろうとしているのです。

——「令和」という命名も『万葉集』から取られたわけですが、そもそもそれがないと出て来なかったということでしょうか。

執行　そうなのですが、「令和」の例は私の言っていることとは違います。確かに『万葉集』がなければなかったことですが、私はもっとこの先の人類にとって切実な問題を話しているのです。「令和」は『万葉集』の歌の前書きです。大伴旅人が書いたものですが、私は「令和」を記念して、安田靫彦*が描いた大伴旅人像を社長室の前に飾っています。素晴らしい作品です。これも才能のある人間が見たら、日本の古代というものが何だったのかが全部わかります。

いつの世もそうですが、才能のある人間というのは本当に凄いのです。例えば、私の好きな英国の詩人でジョン・ミルトン*という人物がいます。特にミルトンの『失楽園』は何度も繰り返し読み込むほど好きな作品です。一方で私は物理学も好きなのです。量子力学などの現代物理学の本を膨大に読み、エルヴィン・シュレディンガーの波動方程式なども独自に研究してきました。要するに宇宙論です。ブラックホール、ダークマターやダークエネルギーに関してです。それで、私が最初に宇宙のダークエネルギーとエルヴィン・シュレディンガーを理解できたのは、ミルトンの『失楽園』によってなのです。『失楽園』の詩によって、私は現代物理学の深奥に触れることが出来たと思っています。ジョン・ミルトンは、今から見たら狂信者というほどのものすごいキリスト教の信者です。そういう破格の人間の持っている宇宙の把握力というものは、凄まじいものがあるのです。何しろ『失楽園』が書かれたのは今から三百年も前なのですから。その中に、すでにダークエネルギーやダークマターの概念が表わされている。

ミルトンも大伴家持と同じで、政治的に失脚した人間です。ミルトンはクロムウェル*と共に英国プロテスタントの名誉革命を闘いました。そして政治的には王党派に負けたのです。そこから英国はプロテスタントを追い出し、多くの人間がアメリカへ渡ったというのがおおまかな英国の近代史の流れです。そのとき、ジョン・ミルトンは英国プロテスタントの精神を後世に残すために、『失楽園』を書きました。しかし、そのときミルトンは盲目になっていたのです。だから娘がすべて口述筆記で書いて残したのです。それだけの悲痛と美しい信念が、芸術となったということです。ミルトンは政治的には負けましたが、本当の宇宙とは何か、その宇宙から与えられた本当の生命とは何か、そういうことを考える人間を生み出す芸術を残したのです。

現実にジョン・ミルトンが残したものによって、私は宇宙を摑んだと思っています。『失楽園』がなかったら、私は恐らく宇宙物理学を好きになってはいません。私はミルトンによって宇宙の神秘を摑み、物理学そのものが好きになり、今でも愉しく研究しているのです。ジョン・ミルトンの詩、つまり芸術作品が私を動かしたということです。芸術にはそういう力があるのです。

3

人間の感化力について

本篇前半は認定ＮＰＯ法人「日本を美しくする会・鍵山教師塾」主催の著者の講演を、後半は同日ともに講演を行なった九州大学名誉教授・井口潔氏とことほぎ代表の白駒妃登美氏との座談会を掲載しています。

情けの感化力

今回は鍵山教師塾*ということで参りました。従って、今日来られている方は学校の先生が多いと思います。そこで、この講演は「人間の〈感化力〉について」ということをテーマに話そうと思っています。この「感化」自体が教育の根源的な問題なのですが、これはもちろんすべての人間に関わる重要な問題なので取り上げたのです。

人間にとって、特に教師には何が重要かと言えば、それは人間としての感化力を持てるかどうかです。これは「人間として」ということなので、本当は簡単なはずなのです。しかし、今の人にとっては結構難しい問題になってしまっている。私はこれまで何度か先生方を前にして講演したことがあります。その経験から言わせてもらうと、先生方はまず教師という職業柄でしょうが、人にものを教えようとしているのを感じるのです。基本的に教えるということは、暗記するようなものにしか適用できない考え方だと思います。根本的に心の問題、精神の問題は、教えようとしてはいけない。

学校で精神の問題を教えようとすると、却って反発心を招いてしまう。特に道徳に関することは、口に出したらもう駄目になってしまう。道徳というのは、自分のためにあると思って下さい。自分が道徳を行なうため、ということです。他人は関係ないのです。そして自分がやれば、誰かがその姿に感じ、影響を受けることもある。それが「感化」ということなのです。教えるのではありません。本当に何の興味もなかった事柄でさえ、誰かの人格によって興味を持ち、感化を受け、生涯の幸福を得ることも数多くあるのです。本当の意味で幸福な人生を送った人というのは、必ず誰かの生き方や死に方から力強く美しい感化を受けています。人間にとって重要な問題だと申し上げたのは、そういうことです。感化を受けないで良い人生を送っている人は、七十年以上私が生きてきた中で、見たことがありません。

　私自身の例を一つ挙げると、私自身が精神的なことや哲学、宗教などが大好きなのは、やはり立教小学校の校長先生だった有賀千代吉*先生のおかげなのです。私は小学校に入学する前に、医者からも見放され死ぬしかないという大病をしました。それが奇跡的に助かったわけですが、病《や》み衰えて勉強などほとんど出来る状態ではありませんでした。そこで私の兄が通っていた立教小学校に相談し、有賀先生のおかげで無試験で入学できたのです。そのときに有賀先生が仰ったのは、とにかく遊んでいなさい、と。とにかく六年間遊んで、体だけ養うようにと言って下さったのです。最初に聞いたこの言葉が今でも私の中に残っています。

　私は子どもの頃から喧嘩ばかりしていて、本当にどうしようもない人間でした。それでも、いつもその有賀先生の「情け」が、自分に人間としてきちんとしなければという気持を忘れさせずにいさせてくれたのです。本当に悪い人間だったのですが、私の底辺にはそれがいつでもあった。有賀先生に初めてお会いしたときに、私に言われた一言があるのです。それは六年間遊んでいればいいということの他に、たった一言だった。立教というのはキリスト教系の学校だったので、

「せっかく立教に入ったのだから、卒業するまでにイエス様の言葉を一つ覚えなさい」と。『聖書』を読んで、気に入った言葉があったのなら、それを自分の人生の中心に持っていなさいと、そういうことを言われました。もちろん私はそのつもりで『聖書』を読み、キリストの言葉にも親しんでいきました。私は熱心なクリスチャンではないので、あまり大きなことは言えません。それでもやはり、キリストの言葉が私の人生を立てる中心になったと思います。そしてそれはすべて、小学校一年のときに有賀先生から頂いた言葉から始まったということです。

有賀先生は、学科ももちろん教えていました。それとは別に、私には有賀先生の姿から受けたその生き方が入ったのです。有賀先生の言葉は、それが有賀先生から発せられたからこそ、心に突き刺さったのです。そういう「生命《いのち》」が有賀先生にはあった。そして、それだけが生涯を通じてその人間に作用を及ぼすのだということなのです。ここを一番分かってほしい。人生で最も重要なことは教えては駄目なのです。教えようとするほどいけない。むしろ、教えようとする気持がなくなると、感化は進むのです。私なども特別な反抗児だったので、誰かが何か教えようとすれば、断じて拒絶し、逆らっていました。これはもうどうしようもありませんでした。

死ぬまで読まない本がある

　私は小学校の頃から文学と哲学が大好きで、死ぬほど本を読んでいました。名著と言われる本で、まず読んでいない本はほとんどありません。誰と会っても、哲学と文学の名著に関する限りは、その場で話題に出た本で、ただの一冊も今まで自分が読んでいない本はありませんでした。数少ない例外は、今では自分でも残念に思っているのですが、宮沢賢治*は読んだことがないのです。あれほどすべての名著を読んで来たという私が、なぜ宮沢賢治だけは読んでいないのか。それは小学校のときに、国語の先生から「読め」と再三にわたって言われたためです。だから異常な反発心が湧いて、死んでも読まないと決意したのです。決意したことなので、今でも読んでいません。しかしこれは宮沢賢治の文学性とは全く関係ないことです。残念なことだとは思うのですが、人間は運命ですから仕方がありません。私は宮沢賢治を読めない運命だったということで、仕方がないと諦めています。

　これは余談になりますが、宮沢賢治のことが出ましたので、関連した話です。私は小学校から高校までずっと死ぬほどの読書家だったのです。もちろん、その後もずっと同じです。それで話というのは、大学に入った頃の、大体昭和四十五年頃のことです。当時は男子学生の間でサリンジャー*の『ライ麦畑でつかまえて』という本が大流行でした。あの頃の学生はみんな読書をしていたので、大流行ということは、ほとんどの男子学生、若い人たちが読んでいたという意味になります。なぜそれほど流行したのかと言えば、それは「これを読めば、必ず女にモテる」とみんなが言っていたためです。私はそれを聞いて、やはりこれは断じて読まないと決意しました。『ライ麦畑でつかまえて』も宮沢賢治と同様、今まで読んでいません。

私が言いたいことは、要するにこれを読めば人生の役に立つとか、異性からモテるから読めとか、そういうことを言われると嫌になってしまうのです。気概がある人間ならば、必ず嫌になります。実はこのことは、学校教育ではとても重要なことだと思います。自分に得だから、という理由で教えたり勧めれば、駄目になってしまうのです。従う人間は、得を求める我利我利亡者ということになりかねません。ちなみに私に関してですが、私の両親は、二人共死ぬまで私にただの一度も本を読めと言ったことはありませんでした。勉強しろと言われたこともありませんでしたが、本に関しても一冊も読めと言われたことはなかったのです。それで、その私自身は死ぬほどの読書家なのですから。これは大人になって分かったのですが、やはり親が読めと言わなかったからだと思います。そうすると、どうにも読みたくなるものなのです。

教育で浄化する

現代で誤解されている感化についての話をしましたが、要するに相手に強要すると、感化は働かないということです。その一方で、感化力だけが実は社会人となった人間の仕事だということが言えるのです。特に教師はそうです。その感化とは何かということにもう少し踏み込んでいきます。

まず感化とは、真の人間としての生命の継承だということです。それは魂だけでなく、その存在が伝える感動とも言えます。そして感動が尊敬を生み、その憧れが生命の現出をなさしめるのです。振動の伝達、つまり感化というのは目に見えないので、言葉は一切通じないのです。目に見えずに伝わるもの、体内から出て来る言葉には出来ない何ものか。つまり波動なのです。昔はそのようなものを人格と呼んでいましたが、私は人格だとも思っていません。人格というと、何か立派な感じがします。しかし、感化力というものは、悪い人間のほうが持っている場合も多いのです。要するに感化力は、善悪とは関係ない。ここがまず分からなければなりません。

まずは、感化力のある人間にならなければならない。そして、その感化力を自分で良いものにしていこうとするのが、人間の努力だと私は考えているのです。それが、人間の根本です。また、感化というのは知識ではありません。さらに私は心でもなく、魂でもないと思っています。私は感化というものは命の継承だと思うのです。感化力は、そういう生命の根本から出て来るものですから、社会的地位や資産、男女の性別も年齢も関係ありません。例えば、私は会社を経営していますが、私自身が新入社員からも感化を受けています。社長なので口に出して言わないですが、強大な感化を新入社員から受けたことが何度もあります。

自分に子どもがいれば、子どもから感化を受けた経験を持つ方は多くいると思います。子どもの生命が躍動して、燃えているときに感化を受ける。だから私は、感化は生命に関わっているものだと思っているのです。生命には社会的地位も老若男女も関係ない。感化力が生命力であれば、生死すらももちろん関係ないのです。つまり、生きている人間だけの問題ではないということです。この世は、死んだ人間もすべて関わっているのです。私はこの日本国が出来たときから、この日本列島に住んでいる人はみんな「日本人」で、同じ人間だと思っています。だから私自身は、奈良時代の人間でも過去の人だとは思っていません。

なぜそのように思うようになったかというと、私が読書家で、本の中から過去の人間の涙や叫び、魂と共感することが出来るからなのです。その生命と触れ合えるのです。私は古典を読んで、過去の人と対話が出来ます。そうすると、この日本に住んでいた人間は、全員が今も生きている人間と何ら変わらないということが分かるのです。もっと言えば、私は未来にこの国に生まれて来る人も、すべて一緒に今の日本を生きていると感じています。私にとって、この感覚がなければ未来というものは考えられない。そうしたすべては私の読書からきているのです。感化というのは、今生きている人間だけでなく、過去に生きていた人間からも受けられるということです。そして未来からも。そういうことが、私は読書の本質だと思っています。

人間存在というものは、過去と現在と未来を貫徹する生命エネルギーの宇宙的な流れです。この宇宙的な流れを、自分が感じているかどうかが人間にとって最も重要な問題なのです。それは生命の実存というものであり、生命の宇宙的な流れを自分が感じられるかどうかで、感化力に違いが出て来る。つまり、流れを感じている人のほうが、感化力が高い人だということです。自分自身は宇宙から個別に生命が与えられています。その生命の流れを摑んでいる人間が、感化力があるのです。そして、その感化力には善も悪もありません。だから、現代流の「良い人」になろうなどと思っていると、感化力のない人間になります。今は教育のある人々や学校の先生に「良い人」を求める人が多いので、非常に難しい時代になっています。

良い人になろうと思えば、何も学べません。今は学ぶことが良いことだと思っている人が多いです。しかし、実は学ぶことというのは、悪いことなのです。ただし、学ぶこと自体は悪いことですが、悪いままであれば、これはただの悪人になってしまう。だから、学んだことを社会に役立つように浄化していくことが必要なのです。その浄化の過程が、「教育」ということなのです。私の敬愛している九州大学医学部名誉教授の井口潔先生は、その基本を十歳までの親を中心とした、愛情による躾であると言っています。

やはり愛を受けていない人は、悪いものを学んで、そのまま悪人になっていくのです。反対に、愛を十分に受けて育った人、またはきちんと教育を受けた人というのは、良いものに浄化していけるのです。昔であれば、悪いことを学ぶので、事あるごとに悪いことをしてそれで怒られて殴られた。そうやって育っていくうちに、段々と良いものへ浄化していくことが出来るようになっていく。その浄化する力を与えてくれた人間が、真の教育の人、感化力のある人ということなのです。また、そうやって浄化される力を持った人間が、やがて感化力を有する人間となっていく。そういう流れなのです。

これは覚えておいてほしいのですが、感化を受けた時点では、大体が失敗するのです。だから感化も得なことでは決してありません。ただ最初は感化を受けて失敗しますが、そこで愛を受けて育った人はそれを浄化できる。だから、悪い感化を受けても大丈夫なのです。恐れてはいけません。私自身も、歴史上で悪い人間から、非常に多くの感化を受けました。もちろんそのままではいけないわけですが、それが浄化されていくと、本当に良いものとなっていきます。感化力というのは、生命エネルギーそのものだからなのです。生命エネルギーに善悪はない。人間が生きる力ですから当然です。だから生命エネルギーを大切にしつつ、それで少しずつろ過しながら良いものにしていくことが重要なのです。

アウトローの感化

感化は生命力に関わるものなので、善悪正邪はないと話しました。だから、生命エネルギーが大きく、力強く、輝いていることがすべて感化力に繋がっているのです。生命エネルギーのことなので、良いことをしようとばかり考えていると、大体は小さくなって終わってしまう。良い悪いではなく、生命の躍動だけを考えなければ、感化は成り立ちません。私が感化力で一番言いたいことは、そこなのです。だから、悪い人間であっても一生懸命に生きている人、体当たりをしている人は、感化力が大きい。知恵をふり絞って悪いことをしている人間というのは実に魅力的で、感化力があるのです。

私は西部劇が大好きです。私は西部劇から、一体どのくらい生き方の感化を受けているか分かりません。西部劇の登場人物というのは、大体が実話に即していて、ろくでもない連中が多いのです。例えば有名なガンマンのビリー・ザ・キッドなども、次々と人を殺し強盗もしたり、今で言うただの犯罪者です。しかし子どもの私にとっては、ものすごい憧れの人でした。それで、そのまままいけば、私も人殺しになっているわけです。そこを教育や恩、愛情といったもので浄化したということなのです。重要なことは、なぜ私がそれほどに感化を受けたのかということです。

それはやはり生命力なのです。ビリー・ザ・キッドにしても、悪人には違いありませんが、銃の腕は伝説的な早撃ちガンマンで、とにかく恰好いい。浄化できれば、その悪人の魅力と良いところがこちらの生命に乗り移って来るのです。他にも西部劇の人間たちに、善悪を問わず私は随分と憧れました。

私に感化を与えたその生命力が、どのようにして自分の中で浄化されていったかということです。そのままでは、あの荒々しい西部開拓時代のアウトローになるわけですから。やはりそれは、人から受けた恩、愛、そういうもの以外にはないのです。それが自分の中でフィルターになり、覚えたさまざまな悪いことなどが、自分の中のフィルターを通して年齢と共に少しずつは良くなっていった。これが人生の過程というものなのです。

人間の感化というのは、悪いものであっても全く問題ありません。反対に良い感化だけを与えようとすると、それは必ず「教条主義」になります。それが現代の善人思想というものを生み出している。今の学校の先生というのは、この教条主義が非常に多い。教条主義にどうしてなるかというと、人にものを教えようとするからなのです。良い感化を与えようと思って人にものを教えたり、自分が本を読んだり知識を得る場合には、必ず教条主義になります。だから、知識はすべて自分を律するために在ると思わなければいけません。そうやって本を読んでいると、それが感化力に転化していくことはあり得ます。それが教条主義を防ぐ方法なのです。

善人思想というのは、今の世の中を覆っています。これはもうどうしようもない問題ですが、自分が善人になれば、良いことは何も出来ません。他人に対してもそうですが、良いことをしようと思うのは、実は自分が悪いから思うことなのです。自分がもし、本当に良い人間だと思っていれば、その人は無言で威張るだけになります。人間は、自分を素晴らしいと思っていれば、どうしても高慢になってしまうのです。これは誰でもそうです。だから、自分が悪いということを常に分かっていなければいけません。「善」ほど人間を駄目にするものは、この世にはないと思って下さい。

これは反省力の欠如なのです。自分が善人だと思えば、もう反省はありません。その人の中で、すべては正しいことになってしまうのです。善人というのは、そういうものです。私は、善人思想というものは現代の最大の問題だと考えています。良いことをしている方は確かに大勢います。しかし私がそういう方々に常に言っているのは、「とにかく人間は良いことをしていると善人思想が強くなるから気を付けるように」ということです。良いこと自体は素晴らしいのです。しかし、必ず自分で良いことをしていると思えば、傍若無人の善人思想に堕ちるのです。ここが難しい問題なのです。私は必ず注意するようにしている。良いことをしながら、良いことをしていると考えてしまう悪徳を、毎日独りで反省し続ける人間にならなければいけません。

口に出さない愛

また、道徳的な項目というのは、知識として覚えることが出来ます。しかしそれを覚えて人に話した瞬間に、教条主義に陥ってしまうのです。道徳自体は素晴らしいことです。しかしそれを人に教えようとしているのが、今の目上や親そして学校の先生たちです。ある人の事件で有名になりましたが、その人物は「教育勅語」を子どもたちに教えようとしていました。そして皆さんが知っているように、その人物は自分は道徳を犯し続ける人生を歩んでいたのです。「教育勅語」は、私も非常に好きなものですが、それを人に覚えさせよう、やらせようとしたら、それが教条主義になってしまうのです。「教育勅語」の真の価値とは、あそこに書かれていることを、自分が死ぬまでやろうとすることだけです。自己の無限の挑戦です。「教育勅語」は明治帝と言われる天皇睦仁が国民の一人ひとりに下賜したものです。愛国心のある人たちにとって、天皇睦仁と自分との対話になるものなのです。私も家に「教育勅語」を飾っていますが、内容を人に話したことはありません。話せば死ぬものなのです。

感化は生命力に関わり、それを成す力は愛だけです。誰かを尊敬する、誰かを愛する者だけが感化を与えることも受けることも出来る。私自身は、母親のことが死ぬほどに好きでした。子どもの頃から掛け値なしに、自分の命などよりずっと大切だったのです。母との間には当然、愛情の関係がありました。しかし私は、その母が死ぬまで、母を好きだと一度も言えなかったのです。もちろん言わなくても分かっているとは思います。母のほうでも、私が愛する子どもであるということは、ただの一言も言ったことはありません。それでも私はそれを分かっています。これが良いか悪いかということを議論したがる人もいるでしょうが、私は愛の本質とはそういうものだと思っています。

やはり、口に出して言える愛というのは、申し訳ありませんが程度の低いものなのです。今は教育の現場でも家庭の中でも、口に出すことが良いことだと思われている。例えば家庭でも、子どもに感謝すると言う。子どもに向かって「生まれて来てくれてありがとう」と親が言っています。私などが聞くと「これ、大丈夫か」と思います。口に出すこと自体もそうですが、その内容があまりにも低い。それらの親は、子どもを愛しているのではなく良いことを言う自分を愛しているのです。

愛というのは、根源的に「忍ぶ恋」です。忍ばなければ本当の恋ではないのです。母と私の関係はそういうことなのです。お互いに忍んでいたからこそ、死に別れるまで一言も愛を口にしなかった。私の初恋もそうでした。高校生になって、相手は毎朝同じ電車に乗り合わせる女性でした。あまりにも好きすぎて、どうにかなりそうでした。しかしその女性とは卒業までの三年間、全く話が出来ませんでした。ただの一度たりとも声をかけられなかったのです。私も毎日話しかけようとは思っていたのです。あまりにも好きすぎて声すら出ないので、話すつもりの内容をメモにして用意したこともあります。前の晩に、明日はこれを持って、必ず声をかけようと堅く決意しているのです。しかし、すべて無駄でした。卒業してから自分がそうやって書いたメモを集めたら、二十センチを越えるほど積み上がりました。

それほど、私はその女性のことが本当に好きだったのだと思います。だからこそ、やはり好きになるほど言えなかったのです。感化力というものも、私は同じものだと思っています。感化力も、根本的には愛から出ます。だから感化というものは、難しいようで簡単で、同時に簡単なようで難しいというものなのです。だから学校教育でも、先生方は自分が何を教えるかなどとは考える必要がないと思っています。ただ自分の生き方を律すれば、愛というものは自ずと生まれてきます。歴史上の人物や、いろいろな人間を見てきました。それで分かるのは、愛というものは、愛を分かろうとしたら分からなくなるということです。反対に自分の不甲斐なさ、自分の駄目さ加減に苦悩していれば、愛はその中から自然に湧き上がってきます。

昔は宗教心が強い人が多かったですから、その分やはりみんな苦労していました。宗教的な高みから見たら、もう全員が獣《けだもの》ですから。宗教心によって、自分がどれほど駄目なのかをみんなが日々思い知らされていたのです。実は、その苦悩が愛を生み出していた。だから、今の人もみんな苦悩してほしいということです。私はもっと極端に、不幸になるようにとも言っています。不幸になれば、愛が分かるのです。私がそうでしたし、私の尊敬する歴史上の人物もみんなそうでした。不幸を知らずに、愛が分かった人はいません。自分が体験した不幸だけが、他人の愛や、生命の有難さというものを悟らせるのです。

我慢すれば愛が生まれる

感化を与える人間ということについて、もう少し話します。これは、自己の存在を捨てている人間ということに尽きます。何かに夢中になっている人間、または何ものかに自己を捧げている人間ということです。その捧げ方が、例えば自分の愛する人や国、会社などの自分以外のものに捧げれば捧げるほど、良い感化を生み出すのです。ところが先ほども言いましたが、自己を何かに捧げていると言っても悪いほうもたくさんある。また自我の増大によってわざわざ良いものを捨てるという場合も多い。しかし私自身は、自我の増大によって捨てることも良しとしなければ、感化力というのは人間には分からないものだと考えています。すべての場面で必ず良くなろうと思えば、絶対になれません。悪くても良くてもどちらでもよいと思っていると、良いほうになれる率が高い。歴史的な実例を研究していくと、そういうことが分かります。

歴史的に良い業績を残した人物は全員、自分の駄目さ加減に死ぬまで苦悩しています。その苦悩こそが、あの歴史的な人々の大きな愛を生み出したのです。日本の宗教家で、例えば日蓮*も苦悩していますし、親鸞*も凄まじい苦悩です。親鸞については詳細な文献が残っています。読んでいけば分かりますが、親鸞は自分の中にある獣性などに対して、本当に深く悩み抜いた人間です。そして、例えば親鸞の弟子が書いた『歎異抄』にある親鸞の愛情というのは、すべてその苦悩の中から生まれたものなのです。良い感化は、苦悩した人間からのみ与えられるものです。

自分が良いものを得てしまえば、その自分からは良いものは出ません。自分が悪いものを引き受けなければ、他人に良いものは伝わらないのです。エネルギーというのは、エネルギー保存の法則によって全体の総量が決まっています。昔はよくありましたが、貧しい家族で子どもに食べ物を与えようと思ったら、親が食わないようにしなければなりません。それが愛なのです。自分が苦しむことで、自分以外の誰かが良いものを得るのです。食事の総量は変わらないのですから、自分が食べなければ、その分は子どもに回せるということです。自分が食べてしまえば、子どもが苦しむことになる。総量が決まっているからこそ、自分が苦しむことが愛になるのです。

ところが今の時代は、自分が楽しい人生を送りたい、幸福になりたいのです。その人生観は、全部間違いです。昔の人生観を暗いものだと思っている人もいますが、本当は愛に満ちた人生観だったのです。だから私が子どもの頃の教育というのは、何でも我慢しろということでした。躾というのは根本的にそれです。理屈はありません。自分が何かに我慢すれば、それだけで人に愛を与えることになったのです。これが、生物相互の法則なのです。与えようと思う必要すらない。自分が我慢すれば、相手には良いものが自動的にいく。そういうことを分かって行動できると、それが人間の感化力に及んでいくのです。

愛は真空を生む

感化を受ける人間というのは、他者を愛し、尊敬する力の強い人です。そして、それは価値あるものに自己の生命を捧げ尽くしたいと願っている人なのです。そういう人にして、初めて持つ心ばえと言えるものでしょう。これは少々難しいのですが、愛というのはまず自分が受けていなければ、他人を愛することは出来ません。一般的には、親から無限の愛を受けていれば、それだけでどんなに悪い人間でも人を愛することが出来るようになります。もちろん親でなくても、誰からでもいいのです。愛を受け、愛を受けた認識を持つことです。その認識が多い人ほど、人を愛することが出来るし、人に感化を与えることも出来る。人間というのは認識なのです。

現代では、自分が愛情を親から与えられていないと感じている人が非常に多くいます。どういうことかというと、愛情を量で測っているからなのです。しかし、愛は計量できないものです。だから科学にはならない。今は多くの人が、自分の欲しい量が与えられなかったと思い込んでいるので、多くの人が親の愛がなかったと感じています。

しかし成長してよく考えれば分かることなのですが、人間というのは、生まれてきて親を中心とした愛を受けなければ、絶対に生きていないのです。動物の中には、生まれて放置されてもそのまま育つ種もたくさんあります。そういう中で、人間は格段に親の愛を必要としているのです。人間以上に愛が必要な種はありません。私はこのことを、人間の偉大な特性だと思っています。人間は、誰かが愛を注がなければ絶対に成長できず、また他人を愛することも出来ずに死にます。それだけ弱い存在なのです。

しかし、この弱い所が私は人間の偉大さだと思うのです。愛の存在を前提にしている種なのです。その愛が、愛を考える人間、または愛を人に施す人間にしていくのです。だから今の親の愛がなかったと言う人は、自己認識の不足だということなのです。たとえ、連続殺人のような事件を起こすような人物であっても、生まれて一片の愛がなかったら死んでいたはずなのです。育ったということは、愛があったのです。そして、愛というのは量ではないので、一片でもいいのです。昔は「一宿一飯の恩義」とよく言いましたが、恩というのは、ご飯を一度もらっても恩なのです。

自己認識が本当に出来てくると、そこから感化力を持った人間になれるのです。愛の量は変わっていません。自分の自己認識でそれが変わるだけです。人の愛を受けた量が少ないと思っていると、それだけで感化力は起きません。せいぜいが「善人思想」になるだけで、良いことをしても自分が偉いと思い上がるだけです。または勉強して道徳的なことでも覚えると、人に偉そうなことを言うのです。こういうことはすべて、愛の欠如という誤った自己認識なのです。

愛を受けていることの自己認識があると、松下幸之助が言っているところの「素直」ということが分かってきます。松下幸之助は、人間にとっての資質で一番大切なことを「素直」という一言で表わしました。その「素直」というものが何かといえば、要するに愛の認識なのです。自分が人生で受けた愛の認識です。それで、愛の認識が薄れたとき、人間はみんな理屈っぽくなります。そして権利の要求が出て来るのです。

愛の認識について、フランスの哲学者シモーヌ・ヴェイユは「真空は、最高度の充満である」と言っています。真空というのは、つまり心を空にするということです。その、心を空に出来ること自体が愛の力なのです。そして最高度の充満というのは、どんな勉強よりも優れた人間的価値を持つということなのです。シモーヌ・ヴェイユは、人々のために尽くし抜いた女性ですが、若くして結核で死にました。素晴らしい人生を送った人です。

そして、セーレン・キルケゴール*という哲学者がいます。キルケゴールは信仰ということについて「信仰とは、自己自身を獲得するために、自己自身を喪失することである」と言っています。シモーヌ・ヴェイユの「真空」と同じです。何かを獲得するということは、自分を無にしなければならないということです。感化力のある人間になるには、愛の認識が大切だと私は言いました。そして愛が認識されると、心は空になるのです。私はそういうことを知って、歴史上のさまざまな人物を文献から調べていったことがあります。そうすると本当に歴史に残るようなことを成し遂げた人物は、すべて例外なく全員愛を認識し、愛を認識したために知らない内にその人の心は空になっていったのです。その空になったところに、宇宙の偉大なエネルギーが注ぎ込まれるのです。

宇宙のエネルギーというのは、心が空にならなければ入って来ません。だから、自分の幸福や名声などを考えていると、一切入ってきません。地位や財産、また特に良くないのが安全と保障です。これが出たら人間はもう駄目です。幸福になりたい、成功したいと思うと、たちまちに心の中が現世の卑しい知識で充満してしまいます。私はみんなに不幸を厭わないように勧めているのですが、それは不幸になってもいいと思うと、心が空になるためなのです。そうすると、宇宙からエネルギーが本当に降り注いできます。

その降り注ぐエネルギーを、松下幸之助は本に「人間の崇高」と書いています。人間とは何かということ、人類とは何か、人間として生まれたからには何を目指すべきなのかということです。その答えは、我々の生命を生み出した宇宙に在るのです。昔の人は神と言いました。そういう宇宙の真実が降り注いで来ない限り、愛の認識は出来ず、感化も生まれないということです。せいぜいが、教条主義と善人思想にしかなれないのです。宇宙のエネルギーが降り注いで来ると、その降り注いだものが感化力に転化するのです。だから正確に言うと、感化を受ける他人は、その人を見ているのではないのです。感応しているのは、その人の中にある宇宙エネルギーのほうなのです。その宇宙エネルギーが、人を動かし、人を人たらしめています。ただ、その肉体ではない、ということです。

語れば終わるもの

心が空になると感化が生まれるわけですから、言い換えればいろいろ悩んで、考え始めると感化力は減っていきます。そうではなく、自分が死ぬまで何かをやる決意を固めれば、意外なところで感化が始まるのです。ただし、先ほども言ったように感化や愛は計量できないので、どれだけ感化されたかとか、誰が感化したのかさえも分かりません。それが分かったら、もう感化ではない。本人には分からないものなのです。だから、自分のやりがいなどと言っている人たちは、決して他人に感化を与えられないということです。この点を、現代人は途轍もなく嫌うのです。自分の気持が中心なので、自分がやりがいを感じられないことは嫌なのです。自分が「教えてやった」「してやった」という証拠が欲しいのです。

だから、逆に自分がやりがいなど感じていない部分で、感化が意外と進むということはよくあります。例えば数学の先生が数学ではあまりやりがいを感じていなくても、数学ではなく趣味の音楽の話などでリラックスしている場面で感化を与えていることがあります。要するに心が真空になっているからです。好きな音楽に浸って赤子のようになっている。その赤子のような姿が、感化を与えるのです。

ここで大事なのは、感化によってのみ継承されるものこそが、道徳ということです。だから真の道徳は、話すことも教えることも出来ない。道徳は、一人の人間の生命の存在論なのです。存在論ですから、教えることは不可能です。道徳について言っておくと、真の道徳とは、限りなく高いものを目指す不断の人間的涸渇感なのです。もちろん宗教家が代表です。宗教家というのは神を求めていますから、どんなに秀れている人でも、死ぬまで絶対に届きません。だから死ぬまで涸渇感で喘いでいます。その宗教家の喘ぎが、宗教家の感化力となるのです。だから学校の先生方も子どもたちに教えようとしないで、自分で自分を律し、本当に自分の悪い人間性をなくそうとし、良くなりたいと必死にやっていると感化力が出るのです。そして出た感化力は認識されませんから、感化を与えたかどうかは分かりません。分かろうと思ったら、もう感化はないと思って下さい。

そういう意味で、先生というのは聖職だと昔から言われていたのです。聖職という意味はそういうことです。自分が決して届かないものを目指し、自分が与えられるものも決して分からない。何も得るものもない、実感の満足もない職業だからなのです。言い換えれば、得があったら聖職ではないということです。だから先生が聖職になるというのが、教育の理想なのです。その高みに向かう生き方そのものが、感化力を持つものと考えられるわけです。真の教育は「背中である」という考えについて、それが分からない人間には感化力はありません。背中というのは、説明しない、教えないものだという意味です。だから親や先生そして社会的責任のある人たちは、教育をすべて背中でやるということなのです。真正面から相手の顔を見て、言葉を発したら、もうそれは感化力を持つ教育ではないということです。

一方、文部科学省から義務として与えられる教育内容があります。その義務として与えられている内容は、その通りに相手に正面を向いて教えなければいけません。ところが、子どもがその先生との出会いによって、生涯に亘って立ち上がる力を得るのは、また別な「真の教育」なのです。ただし、その先生本人にも与えた自覚はありません。先述した立教の有賀先生も、私にそんな力を与えたなどとは分かってもいないと思います。本人はそうなのです。逆に、そういう人物だからこそ、私は得られたのです。そういう理由で、人が道徳を語るというのは非常に難しいということです。道徳は、基本的に語れば語るほど反発心を招いてしまいます。道徳は、語れば死ぬのです。

祈りが法になった

真の道徳は、高みを目指して苦悩した人々の魂だと言えます。その魂を本で読んだり、現世で出会えば、その人々の体から出て来るものとして感じるのです。また感化を受けて継承した人間は、人間として無限なるものや愛や生命の本源に向かって呻吟することになります。つまり、その呻吟している姿だけが感化なのです。この呻吟は、祈りそのものです。宗教的な意味での祈りとは、すべて至高に向かう人間の呻吟なのです。だから、何かを突き抜けようと思い、苦しむようになれば、苦しめば苦しむほど、宇宙に対してはそれだけ祈りを捧げていると思って下さい。

その祈りの部分だけが、感化として周りにいる人に伝わるのです。しかし、今の人はあまりにも大脳的というか、論理で考えようとし過ぎているのです。運良く私の親は昔の型でしたので、本当に子どもに何も言わない人間でした。それでいて、何でも伝わっているのです。母親に一度も愛していると口にしたことがないと言いましたが、それは言う必要がなかったということでもあるのです。背中で語るということでもありますが、母の中に私の健康やありとあらゆる私のためになるものを願う祈りがあったということなのです。祈りだけが、伝わるものなのです。もちろん、自分の中に祈りがない人は受け取ることは当然できません。

今は逆に、付きっきりで子どもの世話をしようとする親もいます。本人は子どもにいろいろと与えようとしているのでしょうが、実はこれは愛の反対なのです。愛というのは、離れて呻吟するものだということです。もしも子どものことが心配だとしたら、子どもを心配して自分がずっと苦悩すればいいのです。そして子どもにはその苦悩を見せない。「私は、おまえのためにこれだけ苦しんでいる」と言えば、それで終わりです。口にすれば、その瞬間に祈りが消えるのです。言葉が祈りを殺すのです。

感化にはいろいろな形があるので、その形を知っておくといいと思います。人類は文明を生み出す壮絶な苦悩と葛藤の中から、文明社会の基盤を創りました。モーセの「十戒」などはその代表の一つです。ジョン王*に対する「マグナ・カルタ」もあります。日本でも神武天皇*の「建国の詔《みことのり》」、また聖徳太子*の「十七条憲法」などです。人類が文明を生み出したときの苦悩の姿が出されているのが、こういう人類の出発に成った法律の元なのです。これらには、民族のいろいろな中心的な思想が表わされています。「十戒」で言えば「汝殺すなかれ」というものです。この「何々するなかれ」という文章が「十戒」で、『聖書』の根源ともなっています。そこから生まれてきたのが、キリスト教文明とイスラム文明です。だから、ジョン王に対する「マグナ・カルタ」には要求と権利が書いてあるのです。「十戒」から生まれた文化だということです。「十戒」に基づき、最高権力者である王に向かって出された、ということです。そして国が法により統治される契機となっていきました。

　神武天皇の「建国の詔」の中には「正しさを養う」という言葉があります。神武天皇が言った言葉ですが、私が好きな言葉の一つです。日本人は「正しいことをやれ」という民族ではないのです。そうではなく「正しさを養え」と言っているのです。この違いというのは、この世界に「正しいことは存在しない」ということを示している。存在するのであれば、それを選んで実行すれば良いのです。しかし存在しないのだから、自分で少しずつ養っていくしかない。

　自分が正しくなろうとする生き方が、正しさを養うのです。正しくないということは分かっているのです。それでも向かい続ける生き方です。養うということは、結果がないということです。

これは日本独特の考え方であり、動いている中に価値があるということを示しています。そこから生まれたのが日本文化なのです。この「建国の詔」から生まれたのが、聖徳太子の「十七条憲法」です。「和を以て貴《とうと》しとなす」という有名な言葉があります。神武天皇の「建国の詔」に通じている言葉であることは分かって頂けると思います。やはり絶対値ではない、日本独特の文化に則って創られているのです。

人間の文明を振り返ると、その民族の苦しみが法律へと発展したことが分かります。この法律は、文明社会に生きるものすべてが守らなければならない。それは、人間の人間たる所以が、法律の出発に込められているからです。また、そもそも守らなければ、国家によって罰せられるので、議論の余地がないものです。ただし、法律はそのようなものなのですが、本当に法律が良く機能するためには感化力が必要なのです。感化力を失ない、法律が既に形骸化している国もあります。法律が正しく機能するためには、感化力を持った人間が法律を運用しなければならないのです。

法律も、良く運営するには愛の力や感化の力が必要なのです。そのために一番重要になるのが、家庭を中心とした躾です。躾は文明社会において、法律の上に位置する社会性と呼ばれるものなのです。今は躾が社会性の中に含まれてしまっていますが、本来は社会性の上位に位置するものだったのです。それが根本的なことなのです。法律の上位にあるということです。だから、躾が出来ている人は、人生そのものをよく生きられ、本当の幸福を得て死ぬことが出来ます。そういう、文明人の掟なのです。その躾の下に、法律があるわけです。そのことをよくよく認識して頂きたい。

躾の三原則

これに関して、教育者であり思想家でもある森信三*という有名な人物が言っています。それは「躾の三原則」というものです。「靴を揃える」、「腰骨を立てる」、「『はい』と返事をする」。このくらい簡単なことです。しかし、この簡単なことにすべてが入っている。というのは、人間の存在論です。昔は当たり前に言われていたことで、靴を必ず揃えなければならないとうるさく言われていました。そうやって、自分を見つめる力を養っていくのです。自分がしている行動を自分が分かるということです。これを身に付けると、自己の認識力が身に付くのです。この簡単な躾が、すべての出発になる。靴を揃えられる人間になれば、躾は完成と昔の人は言っていました。

「腰骨を立てる」とは、自己の社会的な存在の認識です。これは役割の話なのです。腰骨を立てるとは、自分が凛として座るということです。つまり、自分が形としての美しさを求めて示すということを意味しているのです。そうすれば健康になる、などというのは、後から付けた理屈に過ぎません。健康理論などはどうでも良いのです。要するに恰好いいかどうかなのです。他者から見て、自分がどう見えるか。他者視点を身に付けるという教育は、社会の中で自分の役割が何であるかを教えるためのものなのです。

「『はい』と返事をする」は、人間関係の根源です。常に「はい」と返事が出来るということは、自分が他人といつも対峙しているということが分かっている人間だということなのです。言われたことに必ず「はいっ!」と子どもの頃から返事をすると、自分は社会の中で、人間関係によって生かされているのだという真実が、自然な形で自分の中に入ってきます。だから、躾はこの三つだけで森信三はいいと言っているのです。これ以上、余計なことは言わなくてもよい。私がこれまで話していることと、まったく同じ意味なのです。これこそが、生物学的な教育論だと思います。

この躾は、本当は十歳前にすべて完成しなければ駄目なのです。完成していない人は、これから身に付けるしかありません。本当にこれだけのことでもって、人生のほとんどすべてのことが完成するのです。人間とは何か、社会とは何か、人間関係とは何かを表わす真の科学であり、人生をよく生きるとか本当の幸福というのは、ほとんどこの躾で決するのです。

こういう躾の問題なども数量化できないので、西洋科学には成り得ません。しかし、躾は「礼」を中心とする、真の人間の科学なのです。古代中国で確立した「陰陽」という思想があります。これは中国で生み出された偉大な科学です。陰陽五行という西洋科学とは異なる巨大な科学大系を築き、宇宙のすべての問題に対応した偉大な科学なのです。イギリスの生化学の権威であったジョゼフ・ニーダム*が、この中国科学文明に感銘を受け、深く分け入って研究していったことは有名な話です。

本当に、躾が身に付いていれば、何をやっても上手くいきます。親のおかげで、私自身は好き勝手に生きていますが、人生の幸福を実感しています。何をやってもすべて上手くいく。私は人間関係で苦労したことがありません。大学を卒業して社会に出てから、人間関係で嫌な思いをしたことはただの一度もないのです。私の祖母と父親が口うるさい人だったので、若い頃はとにかく一刻も早く家を出たいといつも思っていました。しかし、今思えばそれが躾の教育だったのです。子どもの頃は、父が家にいるだけで、もう何も出来ませんでした。家の中を歩くことすら大変です。そういう生活が大学を出るまでずっと続きました。どこの家でもそんなことはないでしょうが、歩けば「うるさい」と怒鳴られ、殴られもするのです。「邪魔だ、出ていけ！」です。本当にそうだったのです。

そういう躾のおかげで、大学を出てから何の苦労もしたことはありません。自分自身はずっと好き勝手に生きてきたつもりですが、結果的にうまくいっている。それは全部親のおかげだったのです。やはりありがたいと思っています。そうは言っても当時は大変でした。実際には父も自分の勝手で言っていただけです。教育してやろうなどというような気持ではありません。今でも夢に見ますが、高校生時代に試験前は晩遅くまで勉強をしていました。私は家の二階の自分の部屋でやっていたわけですが、鉛筆で何か書いていると、その音が下に聞こえるのです。そうすると父が怒鳴るわけです。だから試験中でも、鉛筆で何にも書けない。仕方がないので、じっとして勉強していました。一番苦しいのは、トイレに行けなかったことです。トイレは一階にあったので、父が寝てる部屋の前を通らなければいけません。しかし父を起こしたりすれば、それこそ大変です。私の敬愛する九州大学名誉教授の井口先生は、苦悩が人間の脳を発展させると言っています。だから私には、父のおかげで相当なシナプスでもニューロンでも発達したのではないかと思っています。

アメリカ社会の崩壊

現代では家庭でも学校でも社会でも、この躾の崩壊で深刻な問題が始まっています。実際に、現代では躾というものが本当に崩壊してしまっています。最も根本の問題は家庭ですが、これはもうどうすることも出来ません。現代日本は、アメリカ的なものが咀嚼されないまま入ってきてしまいました。そのため、日本に古来からあった大切なものが総崩れしたのです。これをどのように立て直すかということが、これからの日本人の最大の課題です。

アメリカも、今はかなりキリスト教信仰がなくなってきています。しかし、しばらく前までは、アメリカ人というのは強烈なキリスト教信仰を持っていた。だからアメリカは、自由主義でも良かったのです。人間が何か間違っても、神が必ず罰を与えるからです。多くの人が、『聖書』だけは信じていた。それが強大な道徳として、アメリカ社会を覆っていた。要するに人間の上に神の存在があったということです。アメリカの家庭で親子が友人のように振る舞っていることもありました。それでも、子どもも一線を越えないで済んだのです。キリスト教が覆っていなければ、子どもが親に対等な態度をとっていれば、人間として社会では生きていけません。

しかしアメリカでも今はキリスト教の信仰がなくなったので、自由主義の教育はアメリカに数々の問題を噴出させるようになりました。頻繁に起こる銃の乱射事件なども、その一つです。あれは、信仰を失なったことで全くの自由勝手な家庭になり下がった家に育った子どもたちが起こしているのです。自由に生きて良いという育て方をされれば、すべての判断は自分自身だけになります。それまではキリスト教の厳格な教えが、人間を規定していたので大丈夫だったのです。それが失なわれた社会になれば、大量殺人でも何でも起こるようになるのです。

私が子どもの頃まで、アメリカ人の信仰はもの凄いものがありました。私の父は三井物産にいたので、世界中飛び回っていました。その父はキリスト教に縁があり洗礼を受けていたのです。そして事あるごとに、自分は洗礼を受けておいて本当に助かることばかりだったと言っていたのです。アメリカでビジネスをする際に、洗礼を受けているというだけで信頼され、随分と助かったようです。アメリカ社会に信仰が深く根付いていたので、人間同士の信頼関係も、キリスト教を軸に成り立っていたのです。

躾というものは、躾を身に付けた人間の感化によってしか伝わることはありません。強制は逆効果をもたらします。だから、自分自身の生き方と死に方をもって、不断に教え導く必要があるのです。躾というのは、そのまま社会性を生み出します。そしてその社会性は、社会人すべてが身に付けなければならない道徳の一部なのです。つまり、躾そのものが道徳の一部分であり、「礼」という道徳の大衆化なのです。道徳が大衆に浸透する、最も根本にあるのが躾だということです。また、大衆であるということは、文明化ということです。躾が必須の文化だというのは、そういうことなのです。本当の道徳というものは、無限の高みを目指すものです。だから、道徳は気概のある人だけのものなのです。道徳から躾になった部分が、大衆のためのものとなり、社会の全員がやらなければならないものだということです。

アメリカ社会では躾の部分が日本などよりも、ずっと浅かったと言えます。それでも社会が上手く回転し、人間同士も上手くいっていたのは、ひとえにキリスト教の深い信仰があったためです。宗教が支えていたものは、非常に広範囲でしかも非常に重要なものでした。アメリカ社会は自由主義というものがあったため、宗教の喪失がもたらす影響が分かりやすいとも言えます。しかし、もちろんアメリカばかりでなく、躾の問題が社会を構成する人間にとって、重要な項目であることは確かなのです。今は日本も躾の問題は深刻です。社会が徐々に歪んできていることは確かなことです。

魂の永久革命

さて、真の道徳とは何かということです。これを一言で言えば、限りない高みを目指す人間の魂の雄叫びということなのです。私はこの真の道徳を「魂の永久革命」と名付けています。永久革命とは何かというと、死ぬまで不断に求め続け、何も報われないで死んでいくという、その姿勢です。私は自分自身も、この魂の永久革命でこれからも生きる所存です。これは、一つでも報いを求めれば駄目になります。真の道徳は、自分独りだけが死ぬまで求め続けるものなのです。もともと道徳文化は神から与えられたと言われています。その神から与えられた道徳を、自分がどこまでできるかと、死ぬまで体当たりすることが魂の永久革命であり、真の道徳文化なのです。

そして、その生き方には報いはありません。報いを得てはいけないのです。報いが得られるのは、大衆化された躾までです。躾は、身に付いていれば社会では良いことしかありません。今流の言葉で言えば、幸福になるのです。だから、もしも自分が社会で上手くいかないとか、悩みが多いように感じているのであれば、それは自分にまだ躾が身に付いていないと思って下さい。悩みとは、躾が足りない部分のことなのです。躾が身に付いていれば、私が知っている限りこの社会では何をやっても上手くいきます。たとえ上手くいきたくなくても、上手くいくのです。私自身は人生で上手くいってほしいなどと思っていない人間です。そういう私でも上手くいってしまっています。親がやってくれた躾のおかげです。私は成功したくもないし、お金にも興味がありません。サラリーマンの時代から、自分の給料も知らないし、財産にも興味ありません。今でもそうです。そういう人間でも、どんどん収入が増え続けて来るのですから、躾というのは偉大な文化だと思います。

高みを求める道徳は、法律と躾を十分に身に付けた人でなければ目指すことは出来ません。この高みを目指すことの一つに、武士道もあるわけです。武士道は、人間として生きる、要するに人間には困難だろうと言われているものに挑戦する生き方です。武士道の思想書である『葉隠』に書かれていることというのは、もともと理不尽で、不合理で、人間には不可能なものに挑戦する文化なのです。それが『葉隠』の真髄です。だから、躾や法律を朝飯前に守る人間でなければ、到底できないことです。

道徳と呼ばれるものが、日本では禅や武士道に深みを与えたのです。欧米ではキリスト教とヒューマニズムの深淵です。そこに打ち込んでいる人が、道徳の高みに向かうのです。そして、こういう人が感化力を及ぼすことが出来るということです。道徳では何を求めるのかというと、生命存在の崇高性を求める無限運動ということになります。それが道徳の根本です。シモーヌ・ヴェイユがそれを「真空」という言葉で表現したことは、先ほども紹介しました。その真空になると宇宙からエネルギーが降り注いで来るということです。自分の生命がどういう崇高性から生まれたのかが分かると、崇高性というものが故郷になります。その故郷に向かおうとする無限運動が、道徳の一番高度なものだということです。

真の道徳は、人に説くことは駄目、また反対に教えてもらおうと思っているのも駄目なのです。真の道徳は、ただ独りで行ない、ただ独りで死ぬためにある。そう思わなければ、出来ません。ただ独りで行ない、ただ独りで死ぬということを目指していると、自分の生命の淵源に触れることが出来ます。そして自分の生命の淵源に触れれば、最大の感化力が発動するようになるのです。感化を受けるに当たり、与える人間の言動ではなく、受ける人が与える人の生命の淵源に触れる所に居合わせるようなときに感化を受ける。私自身の経験でそう感じます。その人そのものではないのです。生命の淵源の力なのです。

結論としては、真の感化とは、真の道徳の継承を行なうということなのです。だから道徳は自らが行なうものであり、他者に強制すれば、すべて逆効果となる。自らが行なうものということは、道徳はすべて修身だということが言えます。高みを目指すのは自分がやることであり、自分の生命的欲求がやることなのです。他者は全く関係ない。一方、躾に関しては他者に強制することが出来る。それが真の教育であり、愛の断行なのだと言えます。躾によって人生の幸不幸のすべてが決まります。だから愛の断行なのです。自分の子どもに幸福になってほしいという、親の祈りです。これが道徳文化の中で、他者に教え導くことが出来る限界です。躾とはそういうものです。この躾を超えた部分からは、すべて自分独りだけの世界です。そして自分がその高みを求めていけば、自分の周りにいる人には感化を及ぼす可能性はあるというのが、道徳論なのです。

先ほど「教育勅語」のことを話しましたが、「教育勅語」というのはかなり高度な道徳です。だからあれを人に押し付ければ終わりです。誤解している人も多いようですが、「教育勅語」が出来た明治時代でさえも、全く押し付けではなかったのです。あれは下賜されたもので、明治天皇との対話なのです。自分が高みを求めて、「教育勅語」にぶつかっていくだけなのです。今は道徳は説いて教えるものだと思っている時代なので、押し付けになってしまうだけです。ただ、自分が求めて死ぬまでやればいいだけなのです。つまり求道です。

秘められたもの

道徳と法律の関係について最後に触れておきます。法律は刑事罰を伴います。法律をよく守るということは、幼少時に親や目上の人の愛を十二分に与えられ、またそれをよく受け取ったということです。やはり愛の授受がなければ、法律を守る人間にもなれないということです。道徳は、法律、躾、求道の精神に分かれており、この違いを弁《わきま》えることが、その継承の成否を決しているのです。そしてこの法律、躾、無限を求める求道の精神の三つは、すべてやり方が異なるのです。だからそれぞれの違いを弁えることが、継承の成否を決めるということです。

今、道徳が混乱しているのは、道徳の三つの分別が混同されているからなのです。例えば、法律さえ守ればいいのに、法律を破った人間に道徳論の説教をしているのが現代です。だから、昔でもどんな宗教家も達しなかったような凄い高みを出して、「お前はそこにいないから駄目だ」ということを平然と言っています。言っている本人だって達していません。法律は守ればいいのです。説くのは、法律を守ったか破ったかということだけです。刑事罰というのは、そういうことなのです。法律も守れない人間に、求道の精神を説いてもどうしようもありません。現代では強制できる躾と、そこから身に付く法律を守ることと、求道の精神というものが混同されているのです。

たしかに古来から道徳と呼ばれているものは、求道の精神だけを言っている場合が多かったです。しかし、それは絶対に教育できないものだということを知らなければなりません。求道の精神の道徳は、それを抱いて生きた人間の生命的感化力だけが継承していくのです。求道の精神に進めば、道徳の生命的感化力が出て来るということはあります。そういうことなのですが、生命的感化力は、感化を与えるほうには何も分からないのです。だからこそ、素晴らしいものとなる。自分が誰かのためになったとか、誰かに何かを与えたと思えるものは、程度が低いものなのです。自分が全く分からないうちに、他人の幸福に寄与するものが、高度な道徳だということです。感化力とは、最も高度な道徳がもたらすものであり、無償の愛なのです。

ドイツの哲学者フリードリッヒ・ニーチェは「人間は、克服せらるべき何ものかである」と言っています。私はこの言葉が好きで、著書にも何度か取り上げています。このニーチェの言葉が、道徳的高みを目指す人間の座右の銘になるのです。そして、これは死ぬまで叶えられることはない。だから、道徳的高みを目指す人は、死ぬまで自分に満足感は得られないということなのです。ただし、その過程で「背中」と呼ばれるものが出来上がって、周りにいる人や家族、学校であれば生徒に感化を与える。

しかし、感化を与えたかどうかは自分には分かりません。分かったとしたら、それは感化ではない。ただの損得勘定というものです。だから本当の感化というものは、死ぬまで口には出ないものなのです。私は親に対して、言葉にしなかったことがあると言いましたが、そういう秘められたものが感化に成り得るものです。本当のものは、言葉に出ないものなのです。その出ないものに挑戦し、そういう人間に成ろうとする人間だけに感化力が芽生えるのです。

座談会（井口潔×白駒妃登美×執行草舟）

求道は善悪ではない

――靖国神社で鍵山秀三郎*先生が最初に話されたことは、教育とは教化ではなく感化であるということでした。そして、その為にも実践が大事なのだということを、鍵山先生から学びました。そこで今回はその感化について、また道徳について、執行先生にお願いして先ほどお話し頂きました。また井口先生のお話の中でも道徳、躾という内容が多く出てきました。井口先生が言われる「よく生きる」ということは、求道の精神であると感じました。そして執行先生のお話からは躾があることによって「よく生きる」ことが出来るということでした。執行先生、いかがでしょうか。

執行　私の意見では、上手く生きる、よく生きるということは躾によってその根本を支えられていると思っています。また求道の精神というものは、よく生きるとか上手く生きるというレベルを超えているのです。だから駄目になってもいい。それは不幸になる覚悟というものであり、不合理で愚かで、人生がどうなってもいいというくらいの体当たりです。私は求道というものをそう思っています。少しでもよくなりたいと思う人は、求道に生きることは出来ない。これは結果的な話ですが、高度な躾がなされると「よく生きる」ということになります。また普通の躾であれば「上手く生きる」ということに結果論としてなります。しかし求道の精神そのものは、良いとか悪いという問題ではありません。先ほど話したビリー・ザ・キッドのような悪人でも、ガンマンの生き方ということで、この求道の精神に入れるのです。求道の精神とは善悪ではなく、生命そのものの、根源的な体当たりだからです。

武士道の中でも、『葉隠』は求道の精神です。だから、それはすべてを捨てるという思想です。よく生きるも上手く生きるも、そういうことを全部捨てる。そうしなければ『葉隠』は分かりません。『葉隠』の思想では、自分はクズでもいいということなのです。ゴミでいい。そう思わなければ断行できません。山本常朝はそう言っている。私はそれが好きなのです。私個人、ただ独りでそのように生きるつもりです。だから私は講演の最後で「ただ独りで生き、ただ独りで死ぬ」と言ったのです。道連れは誰もいらない。それを、私は求道だと思っています。

躾の部分は教えられますし、共感することも出来ます。社会はそれで成り立っているのです。しかし求道は西洋の言葉で言うと、「我と汝」という、自己と神だけの世界になります。よく生きる人間がいれば、上手く生きる人間もいます。または、ただ生きることすら出来ないという人間も多くいます。たとえ歴史上でどうしようもないクズだと言われている人間でも、求道の精神の人はいくらでもいるのです。そのような人たちは田宮虎彦*の文学にもたくさんでてきます。もちろん、武士道は求道の精神です。だから『葉隠』の武士道は善悪ではない。しかし武士道と言っても、「明治武士道」という官許の武士道は別です。新渡戸稲造*が書いた『武士道』は、国家推奨の武士道なのです。つまり「道徳」です。『葉隠』そのものは、道徳ではありません。私はそれが好きなのです。私は、本来の剣の道も柔道もすべてそういうものだと思っています。

井口　執行先生のお話を聞いて、本当に目から鱗が落ちる思いでした。私が感じたことを言葉で話さなければならないのですが、言葉に出来ない所があります。それを執行先生は言葉として簡単に話して下さいました。だから目から鱗だと言っているのです。道徳をどう考えるのかと言われれば、まず私は生物学的に見たときに人間という生物が他の生物と同じように、環境と調和する必要があると考えています。そして人間の場合は、さらに他人と調和する必要があります。これが最も大きな問題になるのです。人間は他人と調和しようとするときに、自意識でもってそれをしなければなりません。しかし、自意識という価値観でやらなければならないときに一番困るのは、自己のわがままに対して自己抑制が絶対に必要だということなのです。他人と調和するためには自己抑制が欠かせない。だから、それが道徳の根本になるというのが私の考えです。私のその考え方と執行先生が仰ることは、全く矛盾しません。道徳は教えようとするからおかしくなるのだと執行先生は仰いましたが、その通りです。では教えなければどうするのかというところに、『葉隠』の思想を私は提示したい。ぐずぐずせずに死ね、ということです。これほど明快な答えはないと思います。

獣と人間の違い

――井口先生は、人は人によって人間になるということを仰っておられますが、獣と人間との違いというのは何でしょうか。

井口 人間にとって最も大切なのは、自分を知っているということです。それだけです。獣にはそれがありません。

執行 獣というのは、本能だけで生きています。しかし、人間は自分の命よりも大切なものがあるのです。それが人間の自己認識力だと思います。私は人間の定義はこれだけだと考えています。生物として、誰でも肉体は大切に決まっているのです。その肉体よりも大切なものがあって初めて人間なのです。肉体が最も大切なら、死ぬまで動物ということです。動物はそれでいい。我々人間は、自分の肉体よりも大切なものを求める、または見つける。そのために生きるのが人間です。

白駒 井口先生は「人間にとって最も大切なのは、自分を知っていること」と仰いましたが、これは言い換えれば自我を持っているということであり、自我のわがままな、自分さえよければいいという悪い面が発揮されると、この世は地獄のようになってしまいます。自我を持つ私たちが、その自我を手放し、自分の命よりも大切なものがあるということに気づく。それが大切なのだと、執行先生のお話で気づくことが出来ました。不思議なのですが、自分の命、肉体よりも大切なものがあると気づいた瞬間から、命が輝くのです。執行先生の講義の中で、すべてを手放した者にしか獲得できないというお話がありましたが、まさに命の輝きもそうです。

――つまり、自覚をしなければならないということですか。我々はただ生まれただけで人間になると思っていますが、そうではないということですね。

井口　生まれたばかりの赤ん坊は、何もないのです。何もないというのは生物学的に見てです。ニューロン回路やそういうものがない。困ったことにチンパンジーの脳を持っているわけです。つまりケダモノ的な脳を持っている。むしろ悪い状態を持ちながら赤ん坊になるのです。その赤ん坊に対して、この世に生きる人間というものを、母親が深い愛情でもって創らなければならない。ケダモノを人間にするのです。そのためにはわがままは駄目だという、そのことだけでいいのです。それが躾です。そういう躾がないと、どうしようもありません。ニューロン回路が間違ってどのような方向に行くか、恐ろしいものがあります。

子どもは第一次反抗期になって、気に入らないことがあるとワーッと叫ぶ。叫んでもそのままにしておくと、後で狂ってくるわけです。母親が自分にとって関わりのない生物であると思ってしまいます。単に子どもはわがままを言っても通じないだけだと思ってしまう。だから、三歳までのうちにそれが駄目だと教えるのです。まだ分からなくても、駄目だということだけでいいのです。そうすると、愛情があればわがままが通じないということよりも、自分を愛してくれる者の短い言葉が沁み込んでいきます。「やめなさいよ」「わがままは駄目だ」と言うだけでいいのです。それだけの話です。そうすると人間の最初が出て来ます。母親の言うように、少し我慢しなければならないと思う自分、自覚が出てくるのです。自分で決めてやりますから、そうやって自分の認識、自覚というものが出来るのです。つまり、わがままを抑えるということさえ出来れば、基本的なことは出来るということです。結果として、自分を認識するということが、動物ではないものだと言えるのです。

人間が人間を創る

――執行先生に伺いたいのですが、現代の教育において躾というものはどのように考えたらいいのでしょうか。

執行　井口先生が言われたように、当たり前のことですが、もともと人間は生まれたままなら全く良いものではないのです。結局は類人猿です。その類人猿として生まれたものを、人にするのは人なのです。そういう人間が人間を創るということが、今の社会では分かっていません。しかも今では躾そのものを悪いとすら思っていますから、もう悪循環です。体罰のことでも子どもを殺してしまうようなことも出てきます。あれは、元から悪いものだと思っているためです。これはやはりアメリカナイズであり、国全体が間違えている問題です。ここを超えなければなりません。躾なくして人間は出来上がらないということを、本当に分からなければならない時代だと思います。本当の愛があれば躾は出来るのです。

人間は、生まれただけでは人間ではないということは、昔から言われていたことです。それを現在、生物学的に証明し推進されているのが井口先生だということです。赤ん坊は人間ではないのかと反発する人もいるでしょうが、その通りなのです。今は赤ん坊にも人権があるということで反発するわけですが、人権のあるなしで、虐待するとかしないという問題ではないのです。今の子どもの虐待問題というのは、躾を悪いものだと思っているから起こるのです。要は、愛による躾をするつもりがなく子どもを殴るから虐待なのです。躾の重要さ、大切さを知り、躾が子どもへの愛として実行されれば、暴力に転化することは絶対にありません。愛から出たものは暴力にならないということが分からないと、躾が暴力になり、躾そのものをなくそうという動きにもなっていくのです。

井口　母親の「リリーシング」というものがあります。生まれた子どもは狼的、ケダモノ的なものを持っています。これは生まれてからかなり短い間、大体一週間から二週間、恐らくそのくらいのことです。その間、お母さんが子どもを抱いて、そして優しい目で赤ちゃんを見る。そうすると赤ちゃんがニコッと笑うわけです。「あ、笑った」と思う。また家族中が出てきて「笑ったね、笑ったね」と言う。こういう雰囲気は、狼には出てこないものなのです。そして生物としては、ものすごく強烈なものになります。その強烈なものが、お母さんの脳から瞳を通して、赤ちゃんの瞳に入り脳に変化をもたらす。眼が唯一の脳の窓なのです。こういう互いの瞳を通した脳の交流が、恐らくは獣的なものが人的なものへ切り替わる構築をさせているのです。

この思想を提唱したのが、行動生物学で有名なコンラート・ローレンツという学者で、ノーベル賞も受賞しています。ローレンツが提唱したのは、動物の子どもが生後間もなく見た動物を、自分の親と信じる行動です。例えばイルカが子どもを産みます。生まれて間もない子どもが、横を通ったイルカを自分の母親と思うのです。実際には同じように子どもを産んだ他のイルカかもしれません。そういうことを全く無視して、実際の母親でなくても母親だと信じてしまうのです。そういうことがいろいろな動物の行動を研究して分かり、その研究でローレンツはノーベル賞をとったのです。それと同じことが、人間にとっても起こっているのではないかと私は考えているのです。

人間の場合は、今お話ししたもっと強烈なものから入って、ケダモノ的なものが人間的なものに変わる。だから母親が躾をすることは非常に重要なことなのです。人間はそこが出発点になる。この出発点を、生物学的なことで解釈することは不可能なのです。生物学的に見れば、人間は動物としてしか見えません。人間と動物が違うということになると、生物学を否定するものにならざるを得ません。だから私は、母の愛というものがいかに重要なものであるかと、そこから出発しているのです。私が考えているのは、それだけです。だから執行先生の仰る通りに、躾というものは良いことなのです。その躾を若い世代が悪いものではないかと考え始め、滅茶苦茶になりました。本来はこれを説得しなければならないのですが、説得する気持が起きません。だから私は、子どもが愛情と尊敬というものと接するようにと言っているのです。それで全部の問題は解決します。それに対して言葉で教えて行けば良いと言う人も今は多いです。科学的には証明が必要なわけですが、それは出来ません。だからあとは水かけ論になるしかないのですが、実際には人間というものがこの世の中で生きていくための大前提なのです。そういう大前提を崩すということは、議論するようなことではないのです。母の愛というものは、正しいものを感化させるという大前提の事柄なのです。問答無用です。

白駒　私は実際に母親として子どもを育てた経験があります。先ほど執行先生が講義の中で、今の日本人は愛されているという認識がない、と仰っていました。それは事実としての問題ではなく、自己認識の問題であるというお話で、深く感銘を受けました。

実はルーマニアで、ある追跡調査がなされたのです。ルーマニアでは内戦により、両親を失なった孤児がたくさん出ました。その孤児たちが、その後どういう一生を辿ったかということを追跡調査したのです。その結果、多くの子どもたちが大人になる前に亡くなっていました。そして、無事に成人した子どもたちを調べたところ、その子たちには一つだけ共通項があったのです。

里子として引き取られたり、施設で育ったりとさまざまな環境でしたが、共通しているのは、その子のことを本当に愛してくれる人が必ずいたということなのです。それは里親の場合もあれば、施設の職員さんの場合もありました。だから私は、その調査の話を知ったときに、今私たちが大人になってこんなに元気でいられるということ自体、誰かから愛された、動かぬ証拠なのだと思いました。母親の愛は本当に大事なことですが、それを認識する感性も同時に重要になってくると思います。

躾は「身が美しい」と書きます。多くの方が漢字と思っていますが、実は漢字ではなく、国字なのです。中国にはなかった字で、漢字を真似て日本人が作ったのです。「身が美しい」と書いて躾としたことは、素晴らしい発想だと思います。その躾で大切なのは、真善美がわかる感性を養っていくことだと思います。その出発点が、リリーシングに代表される母の愛だということです。母性を持つひとりの女性として非常に身が引き締まるような、ありがたく意義深いものを感じます。

感性を育てるには

――感性を育てるということで、井口先生に伺いたいのですが、どうやって感性を育てるのでしょうか。

井口　要するに温凛《おんりん》の躾です。「温」は慈しみの心を、「凛」は恥を知り、自分を律する心を意味します。道徳教育も躾の中に入りますが、温凛の躾をすれば自然と十歳までに感性の中枢が出来ます。最初はチンパンジーの脳であったものが、人間になるのです。人間の脳に大脳辺縁系というものが出来て、それが感性の中枢になります。江戸時代は見事にそのような躾をしています。

白駒　ちなみに私が以前同じ質問を井口先生に伺ったことがあったのですが、そのときに井口先生が仰っていたのが、感性を育むのに大切なのが道徳教育はもちろんですが、もう一つ情操教育で美しいものに触れる機会を増やすことだと伺いました。美しい景色を見たり、美しい音楽を聴いたり、美しい言葉を発したり、美しい人の生き方に触れるということが感性を育む源になるのかもしれません。

執行　私もその通りだと思います。現代では知力に重点が置かれていますが、知力は愛という感性の傘下にあるものなのです。哲学者の西田幾多郎*も、その『善の研究』において、「愛は、知の極点である」と言っています。そういうことを、もう一度考え直さなければならない時期にきていると思います。知力が大切なら大切なほど、それを支えているものが感性だという認識が重要なのです。人間は認識しなければ駄目なのです。だから、そういう意味でも「生物学的人間教育論」というものは非常に重要だということです。昔は、躾として感化力だけでやっていたものです。しかし今は、感化力だけではまかなえなくなっていて、やはり科学的なものが必要だと思います。そういう意味で、生物学的に人間の身体を分析し、科学的に感性が最初に出来て、その感性の上に知力が乗っていくということを確認するのです。そして社会的に認知され、それから法律として反映していくことが、現代では必要でしょう。

井口　すべては、大脳が機能した結果なのです。大脳辺縁系という部分で、まず感性の中枢が十歳までに出来上がります。そして青年期になりますと、今度は知性が動き出します。感性と知性がバランスよく動き出すようになるのです。今の執行先生のお話の感性優位のことであれば、まず感性的なものが入り、感性的なものが最初に動き、次に知性脳が動き出すのです。そこで上手く調和、バランスがとれているかということを見ます。その役目は司令部である前頭葉です。その前頭葉が両者の調和したところで、意思決定を下して行動に移すという仕組みになっています。ですから我々はその仕組みを頭に置いておいて、上手く脳の機能が働くようにすれば良いのです。そのときに重要なことは、あまり言語的に説明が出来ないものを真ではない、と決めつけないことです。価値観を正しく持たなければいけません。

自分はそうは思わないのだと考えれば、そのような脳になってしまうのです。人間の脳というものは、自分の考え次第で良くも悪くもなります。それはどうしようもない自然の摂理です。執行先生のようなものの考え方が一番良いと思います。反対に一番困るのは、科学的に証明が出来ないものは駄目だという考え方です。今の世の中では非常に多い考え方ですが、それはとんでもない間違いです。人間の脳は科学的証明に見合ったようには出来ていないのです。そのくせ、実際には妙に今の人間は自分の脳をそのように仕向けたがりますから困ったものです。さらにそういう人間にかぎって、自分の脳の判断が正しいと思っているので、手が付けられません。そこをどうすればよいのかと言えば、やはり教育ということになります。

何もかも自己責任

執行　脳というものが本当に人間を規定しているということは、私も実感が多いことです。人相はその人そのものを明確に表わしています。その人間が生きて来た通りになるのが人相です。疑い深い人間は疑い深い顔をしていますし、馬鹿は馬鹿面です。そういうことは誰でも分かると思います。私は顔を創ったのは、やはり脳なのだと思います。自分が自分で自分の脳を創ってきたのです。そしてその脳が顔も創る。私が子どもの頃までは、皆が顔のことを正直に言っていました。今はそれを言うと差別になってしまいます。昔は「お前は馬鹿面だ」と言っていました。反対に立派な人は立派な顔をしているのです。

当時から私の会社にいた社員は知っていますが、オウム真理教が流行ってどんどん大きくなっていた頃の話です。その当時私が皆に言っていたのは「麻原のあの顔を見てオウムに入る奴は馬鹿だ」ということを言っていた。麻原の唱えていた理論など、私は全く知りません。でも本当に立派な理論であれば、麻原彰晃《あさはらしょうこう》*のあの卑しい顔は創られません。そして、信者は全国規模、海外にまで波及する大きな宗教団体になりましたが、結局はあのような凶悪な事件を起こして壊滅したのです。脳が全身の代謝を左右しているわけですから、身体の作りがそれに伴うのは当然だと思います。歪んだ考えを持っている人間は、顔も身体も歪んでいきます。白駒先生が先ほど言っていた躾は「身が美しい」というお話はまさにその通りで、美しい身体に美しい心が宿ると昔の人が言ったのは、真理だと思います。今言えば差別になりますが、真理です。今でも全員、心と顔は一致しているのです。もしも自分がどういう顔か聞きたければ、個人的に聞いて下さい。人相学上で詳細に教えます。人相学は、今の生物学などで言えば、脳のニューロンの回路との関わりということになるのでしょう。

私がすべての人に言っているのは、人生はどんなこともすべて自己責任だということです。不幸も不運も何もかもすべてです。自分に身の覚えがないものは、先祖から来ているのです。そして先祖は自分なのです。今の日本人は、先祖を自分だと思っていないことが、そもそもの間違いです。先祖は自己ですし、親も自己で子どもも自己です。だから親がしでかした失敗は、当然子どもが償わなければなりません。先祖も親も生まれてからはいろいろなことをして生きていますし、自分もそうです。子どもも自分の人生を歩みます。そうやって延々と我々は命を繋いできているのです。だから昔の人は「積善の家には必ず余慶あり」*と言ったのです。すべて人間というものは自己責任です。それが分からない人は、今日話したことも何一つ入りません。

今も話が入らないだろう人は、その顔を見れば分かります。それで、どうして入らないのかと言えば、自分のやってきたことのせいで今の自分があると思っていないからなのです。運が悪いとか、親や他人のせいだと恨んでいる人もいます。とんでもない話です。国でも親でも、そんなことは絶対にありません。私は七十年以上生きていますが、とにかく自分の責任以外のことは人生にはありません。事故や病気で死ぬのも、全部自己責任です。私は何回も死にそうになりましたから、本当に悟っています。私は幼少から身体が酷い状態でしたが、二十代まではやはり自分以外のもののせいにしていました。その間はずっと本当に悪かったのです。その後に全部自分の責任だと分かってからは、人の世話になるほど悪いことはもうありません。何もかも自己責任ですから、今日を機にそう思ったほうがいいです。私はそういう考えが自分の強みになりました。人から好かれるのも、嫌われるのも全部自分の責任です。だから好かれても嫌われても何のこともありません。私は自分の信念で生きていますので、他人がどう思おうと関係ありません。嫌われても、私はもともと嫌われる要素が多い人間ですから当然だと思います。とにかく自己責任ですから、相手が悪いと思ったら終わりです。

自分の脳は自分で創る

井口 執行先生の仰る通りです。学校教育で子どもに「自分の脳は自分で創る」ということを教えるべきです。生物学的に教えることが現代では必要だと考えています。これが分からなければ、すべての教育が滅茶苦茶になります。人間の臓器の中で、脳だけは自分が創るのです。他の臓器や筋肉、血管、皮膚もすべては自然が創っています。赤ちゃんの脳も自然に創られます。そこから、その子どもを悪いように躾ければ悪い人間になる。良く躾ければ良い人間になるのです。この単純な理屈、生物学的なことを公教育で実行できないということは、見過ごせない問題です。今の学校の先生がこういうことを教えていないと気が付いたのは二、三年前です。びっくりしました。こんなことがあっていいのだろうかと本当に驚きました。それで私の経験で思い起こしてみて、確かに意識的に脳を自分で創ろうと強く思ったことはありませんでした。そういう無自覚が、今の教育の乱れの原点なのかとも思いました。なるほどと得心したのです。しかし厳然たる事実として、脳は全部自分が創るのです。ですから子育ては大変ですし、また同時に本当に崇高なものなのです。反対に恐ろしい馬鹿げたことにもなるし、どうにでもなります。この理屈が分かるか分からないかが決め手なのです。

この常識がどこから出てくるかというと、今の教育システムでは大学が重要な役割を担います。本来は大学が教育を市民に発信するようになっているのです。しかし大学というものは蘊奥《うんのう》を究めることがある。その蘊奥の最たるものがノーベル賞です。そこで考えてほしいのですが、ノーベル賞で市民の常識が出来ていきますか。いかにもさまざまな場面で矛盾があるのですが、この矛盾をどうするのかということです。日本の公教育は、大きな矛盾を抱えているのだという自意識をもつ必要があるのです。

白駒　もちろん公教育も大事なことだと思いますが、まずは家庭できちんと伝えたいと思います。自分の脳は自分で創る。自分の人生のすべての責任は自己にあるということ。先ほどの執行先生の仰る感性と知性の調和が宇宙の大調和に繋がるということについて、補足させて頂きます。以前、私はそのことを井口先生から伺って、非常に感動をしたのです。それは、こういう内容でした。私は西洋はどうしても対立軸でものを見たがると考えています。そうすると正しいのはどちらかの二者択一の発想になります。そのことについて井口先生は、西洋では一つの中心から円を描く世界観を持っていると仰いました。しかし日本人の場合はそうではないと。例えば感性と知性などもそうですし、渋沢栄一*の有名な著書で『論語と算盤《そろばん》』がありますが、心と物質、環境と経済、道徳と経済など、どちらが大事とか、どちらを優先するのかという二者択一ではなくて、両方を統合していくのが日本人の伝統的な考え方だということです。つまり西洋のように一つの中心から円を描くのではなく、二つの中心を持って楕円の世界観を持っているのが日本人の考え方の伝統にあるのだということでした。井口先生はそのときに、「惑星の軌道は楕円です」と仰ったのです。「だからもしかしたら宇宙の法則というものが、二つの中心を持つということなのかもしれない」と話され、私は非常に感動したのです。

その後このことを突き詰めていったときに、新たな気づきがありました。それは今例に挙げた渋沢栄一の『論語と算盤』です。論語か算盤かという発想では、絶対に新しいものは生まれないということを感じたのです。論語と算盤、両方が大事なのだと。ではそれを実現するためにどうすればいいのか。すごくハードルは高いのですが、試行錯誤していくうちに、もしかしたらもの凄い付加価値を持った新しいものが生まれるかもしれないなと思いました。やはり未来における希望とか可能性というものが、この楕円の理論の中にあるのではないかと。井口先生の「ヒトの教育の会」のマークも楕円です。あとでマークを確認いただければ分かりますが、あれは大調和を表わしているそうです。

宇宙の力がすべて

——私は教師をしていますが、やはりどうしても目の前の生徒たちを、一年で一定のレベルにしなければならないと考えてしまいます。しかし先生方のお話を伺っていると、そうではないのだということを感じます。執行先生のお話の中で、井口先生の心の中に宇宙の力があると仰っていました。そういうことが分かっていないと、本当の教育というのは出来ないのだと思いました。執行先生、いかがでしょうか。

執行　その通りです。そこを毎回、私も話しているのです。四十人の生徒を前にして、今日何かをしなければならないというのは分かります。学校の先生たち全員がそれを言っているのです。根本的に、宇宙が入って来ない人は四十人に教えることは出来ません。今の人は、どこかで自分には他人に何かを教えることが出来ると思っています。これは実は誰も出来ないのです。子どもは愛する者からしか受け取ることはありません。これが真実だということが分からなければいけません。私は宇宙とかいろいろな言葉を使うので、大きなことを言うと思っている人もいますが、別に大きなことではないのです。どんなに小さく見えることであっても、それは宇宙の力が及んでいるのだから、全身全霊でやらなければ出来ません。

生徒を前にすると別の考えに流されるというようなことを言っていましたが、それは自分には楽にどうにか出来るとどこかで思っているからです。反対に、宇宙の力を浴びて、命懸けでやることを皆さんは大変だと思っている。私が言っているのは、別に大変ではないということです。やらなければ本当の教師にはなれないのです。やらなければ、親にもなれません。そういうことが今の先生も親も分かっていないと私は思います。以前は父親も母親も教育論というものは全く考えていませんでした。母親というのは、自分の子どもが生まれたら可愛いから育てるのです。

しかも全身全霊で、人の意見など関係なくやるのです。もちろん教育論もない。自分が可愛いと思うから、自分の思った通りに育てるだけです。しかし、この「可愛いから」というものが、私は宇宙の力だと思うのです。本当に誰かを可愛いと思ったら、宇宙の力が流れ込んで来ます。

もちろん、可愛いと思う心が偽物だったら駄目です。今の家庭というのは、マスメディアの影響で、ほとんどの親が子どもが可愛い、子どもを愛していると言っていますが、私はその九十九パーセントは嘘だと考えています。私が直接聞いた中でも、その言葉が本物だと伝わってきた人はほとんどいません。私の母親からは、言葉はありませんでしたが、毎日伝わってきました。母親がどのくらい私のことを愛しているのかが伝わって来るのです。母親が死ぬまでの間、私との間には言葉での愛情の交換は一言もありませんでした。私はそれが宇宙の力だと言っているのです。別に難しい話ではなく、むしろ非常に簡単で明快な話です。現実には、愛の力を持たないで他人に何かを教えようと思っているほうが無謀なのです。全く何の効果も上がりません。先生たちも「執行さんの言うことも分かるけど」と言うのですが、実際は反対だということを分かりなさいと私は言っているのです。私は社員と話すときも全部、宇宙の力です。だから私の話は社員に通じるのです。井口先生のことも、私はたくさんの箇所で素晴らしいと思っています。そしてそれはすべて、井口先生ではないのです。私は井口先生の中に入っている「宇宙」を感じているのです。即ち、真実です。神なのです。神の存在が井口先生を動かし、語らせているのです。

——つまり、人間は死なないということですか。肉体は朽ち果てても、心、魂はずっと生き続けているということでしょうか。

執行　その通りです。我々は永遠の存在と話さなければいけません。本当の会話というのは、自分の中と相手の中にある永遠に生きる部分の交感です。それが本来の対面するということです。宗教哲学者のマルチン・ブーバー*は、それを「我と汝」と言っています。これがキリスト教の信仰から生まれる、最高のものなのです。要するに、神の力が自分に入って来るということです。井口先生の講演も同様の感じがします。だから私には井口先生が全く見えません。やはり井口先生を動かしているものは、永遠の存在なのです。初めて会ったときに、私は井口先生の姿を見ただけで感動したのです。もちろん姿自体は普通の肉体ですから、何も感動するわけはありません。では私が何に感動したのかと言えば、井口先生の中に入っている「永遠」なのです。井口先生はご高齢であっても、こういう会にも出席され、私の会社などにまでわざわざいらして下さり、実にさまざまな活動を精力的になさっている。しかしそれは井口先生ではなく、井口先生にそうさせているもの、これをゲーテは「デーモン」と呼んでいました。そのようなデーモンが井口先生の中にいて、それが井口先生に力を与えているのです。そしてそれは死にません。死ぬのは肉体だけです。

井口　学校の先生は、そういうことが分かる必要があります。ただし、それが分からないと教育が出来ないというのではなく、自然にそうなるのです。人間の脳は小宇宙であると表現する人がいます。宇宙と同じことが、脳の仕組みの中にあるのです。ですから子どもにも機会があれば、そのようになっているのだということを、情熱をもって教えれば子どもも勘で分かります。そしてその子どもは、いつか結婚して自分が親になります。そのときは、新しい希望がある親となっているのです。だから子どものときに情熱を持った先生から感化されるということは、非常に重要なことなのです。そのようにして代を重ねれば、世の中が良くなる可能性があります。出来あがってしまった人間に、いくらやっても限度があります。だから、それはそれなりに適当にしておいて、子どもにきちんと教えるということを考えて下さい。きちんと教えるとは、本当に感化で教えるということです。執行先生は感化で教えるためにはどうしたらいいのか、という問いに対して「変な教育」をするなと仰っています。本当の教育でなければ駄目なのです。それが今、我々にとって一つの肝となっていると思います。

白駒　人間は死なないということをお二人が詳しく伝えて下さったので、私は少し違うことをお話ししたいと思います。先ほど執行先生のお話の中で善人思想というものがあり、とても良いことをしていても、その良いことをしている自覚を持った瞬間から駄目になってしまうということでした。それは非常に恐いことだと思います。本当に堕落が始まるという感じがします。実は私自身にも、そういう傾向が以前はあったのです。自分が良いことをしているという自覚があるので、それに共感してくれない人や、一緒に行動を起こそうとしない人たちのことを、不甲斐ない人たちだと思っていました。相手を不愉快に思ったり、責めたりするような傾向が強かったのです。

そういう中で、ある日私は禅語の中の「日々是好日《にちにちこれこうじつ》」という言葉の本当の意味を知りました。そのときに、自分の中にあったいやらしい部分がフラットになっていったのです。「日々是好日」というのは、本来は臨済宗の修行のときに交わされた言葉だと伺いました。臨済宗では、七月一日から十五日までものすごく厳しい修行をするそうです。そして残りの七月の後半は、夏休みに入ります。修行の最終日、師匠が弟子たちに、「日々是好日」ということを伝えるのです。どういうことかというと、「あなたたちは修行を一生懸命に頑張って、明日から夏休みに入る。修行に打ち込んだ日と休みの日では、同じ一日の重さが違うと考えているだろう。しかしそうではない。どんな日も等しく尊いのだ」。そういう内容です。

私はそれは、お坊さんでなくても同じだと思ったのです。良いことをやっている人が素晴らしくて、そうしない人は駄目な人間なのかというと、そうではなく、良いことをやっていてもいなくても、同じ人間なのです。その同じ人間としての敬意とか、その同じ時代を生きていることに対する感謝の念を持つようになったときに、周りの人たちが少しずつ変わり始めたのです。私は善人思想というものは本当に恐いと思いますし、そこから脱却できるヒントが禅の思想の中にあり、それに出会えたことに感謝しています。今日はいろいろな意味で多くのヒントを頂きました。ありがとうございました。

井口潔

いのくち・きよし――大正10年福岡県生まれ。昭和22年九州大学医学部卒業。38年九州大学教授。60年九州大学名誉教授。同年佐賀県立病院好生館館長。のち名誉館長。大学定年後は日本学術振興会井口記念人間科学振興基金において生物学的教育論を展開してNPO法人「ヒトの教育の会」を設立、理事長を務めた。著書に『人間力を高める脳の育て方・鍛え方』(扶桑社)など。令和3年9月5日、没。

白駒妃登美

しらこま・ひとみ――昭和39年埼玉県生まれ。慶應義塾大学経済学部卒業後、JALの国際線客室乗務員として7年半勤務。日本の素晴らしい歴史や文化を国内外に発信する目的で平成24年株式会社ことほぎを設立。日本人にふさわしい「天命追求型」の生き方を提唱し、「博多の歴女」として年間200回に及ぶ講演や歴史講座を行う。著書に『子どもの心に光を灯す日本の偉人の物語』(致知出版社)など多数。NHKラジオの人気コーナー「九州沖縄歴史ロマン」を担当している。

4

運命に生きる

本篇前半は「人間学塾・中之島」主催の著者の講演を、後半は受講者との質疑応答を掲載しています。

人間にとって時間とは

今、御紹介に預かりました、執行草舟です。今日は大阪大学中之島センターという非常に名誉ある場所で、歴史ある「人間学塾」に講師として招かれ本当に光栄です。今までもそうですが、今日も私の話はほとんどが魂や精神の話になります。経験によると、今は物質主義の世の中ですから、私の話はほとんど魂の話だけなので、活字を見ながらやらないと何も残らないという印象があるので、レジュメなど手元資料を講演では準備しています。魂の話というのは慣れないとなかなか入らないので、恐らく今日も分かりにくいことも多いかと思いますが、お付き合い下さい。割と今の人というのは、物質的な事だけは膨大に頭に入るタイプの人が多い。驚くぐらい物覚えが良く、クイズ的な知識はもの凄い人が昔に比べるとずっと多い。ただ、魂の話になるとほとんど駄目だというのも現代人です。これは誰と話していてもそうなので、活字というのは物質ですから、その活字を見ながらやると自分でも考えている以上に内容が入るので、手元で活字で見られるようにしているのです。これは本などの活字の作用と同じとも言えましょう。

今日は本当にこれだけ多くの方に集まって頂いて私も少し驚いているのですが、「運命に生きる」という主題で講演をやります。ここに集まった方は、今日の日が自分の運命になるんだ、と思ってくだされば本当にそうなりますから、是非そう思って聞いて下さい。執行草舟という人間が一つの講演でただ話しただけだと思えば、それだけのものでしかない。魂の話というのは、誰でも聞けば知っていることになる話ですが、どう自分の人生に打ち込まれるか、それがこの講演の時間と決断で決まるわけです。今日ここに来たことそのものが、運命だと思って下されば、必ず、今日の日から皆さんの人生は良い意味で激変します。これは私自身も何度も経験しましたが、勉強とか人生というのは、時間の長短ではないです。自分がどう決めたか、どう決断したか、それだけです。それで皆さんも決断しなければならない機会に遭遇していると思いますけれども、基本的にその決断が続けば人生というのは誰でも皆、素晴らしいものになります。その決断が、自己の中で「初心」として残るのです。

誰でも経験があるかと思いますが、例えば学校に受かったときとか、結婚したときとか、そういう初心というのは最も尊い魂です。この初心というものをどのくらい維持できるかで人生は決まると私は思っています。言いたいことは、今日が自分で運命の日だという、私と出会っているというこの運命を、出会いの初心にして頂きたいということです。今は物質主義の時代ですから、人生というのを、やはり物質の時間、つまり絶対時間という物理学の時間で皆さんは捉えていると思います。物理学の時間というのは、宇宙の生成発展が刻まれていく時間です。その他に我々生命を持つものには生命時間というのがあります。生命時間というのは、蜻蛉《かげろう》が例えば成虫になってからは数日しか生きられないとか、象は六十年生きるとか、人間は大体七〜八十年生きるというものです。いろいろあるのですが、生命に与えられている時間は、「種」全体に与えられている。だから人類とか虎とかライオンとか、その種にとっては七日間であっても生命として尊い時間なのです。それが生命時間と呼ばれるものです。ところが人間というのは、この生命時間でもない、絶対時間でもない、その人だけの運命を生きるのです。すべての人がそうです。これが現代から一番失なわれてしまった。つまり現代人には分からなくなったということだと思うので、「運命を生きる」という題に今日はさせて頂きました。

講演を始める前に、吉田松陰*を私は尊敬しているのですが、松陰は二十九歳で死にました。今、日本人の平均寿命は八十を越えています。そこで吉田松陰は早死にであって可哀相だとか、そう思ったらもう運命は分からない。運命というのは幼児で死のうが、二十歳で死のうが、三十だろうが四十歳だろうが、その人間が自分に与えられた運命を生きたか、生きないかの問題なのです。それが人間にとって一番尊い生命なのだと分からなければならないのです。絶対時間は関係ないのです。生命時間すら関係ない。生命時間というのはさっき言った、人間という、人類という種に与えられた時間のことです。何の疲労もなければ百二十五年くらいだと言われている。従って何らかの苦労とか、ストレスによって大体今は八十歳くらいで死にます。それが種に与えられた時間です。しかしその種に与えられている時間も、皆さんは今日限りでその概念を取り去って頂きたい。二十歳で死のうが三十歳だろうが、自分の運命を生き運命で死ぬ。そういう思いを持って頂きたいということです。それがないなら、運命の話というのは聞いても何の意味もないのです。それを分かって頂いたところで話に入りたいと思います。

運命とは何なのか

まず運命とは何かという定義について述べます。運命の本源を知るということを最初に言いたいのです。運命というのは、宇宙から与えられた自分だけの一つのエネルギーなのです。宇宙に存在するあらゆるものには、それ自身の運命がある。そしてそのエネルギーは、宇宙の生成発展とともに脈動しながら生まれ、滅していく。宇宙というのはそれぞれの運命を星にも全部与えているのですが、今私が話そうとしているのは、我々人類そして一人ひとりに与えられた運命です。だから人間としての運命ということです。

最初に言っておくと、運命というのは垂直を志向している。垂直ということは縦ということです。横は一切関係ない。だから一番気を付けて頂きたいのは、皆さんが一番今気にしている、勉強するとか流行とかいろいろなものは全部横、つまり水平なのです。ただの生命時間ですね。運命というのは縦にいって、分かりやすく言うとまず親、先祖、それから民族、そこから飛んで人類にいき、宇宙にいき、昔の人が言った神に到達する。それが自己の運命なのです。

だから運命というのは、横を見ないで、縦に邁進するほど躍動する。そして、鋭く自分に入ってくるという経験が私にもあります。横を見れば見るほど運命というのは自分から去っていく。

今言った、種の生命時間とか、それから宇宙時間、そういう絶対時間というものに支配されているのです。現代は物質文明なので、割と皆さんの人生は物質的な絶対時間に支配されている部分が多いと思っています。これは誰を見ても感じます。ここからは、今日を契機として、自分独特の運命にどう入るかを考えてほしいということです。つまり、運命時間を生きるのです。

運命というのは自分固有で、この宇宙が誕生してから消滅するまで、それぞれにたった一つしかありません。だから参考例は一切ないということです。もちろんどの本を読んでも駄目です。人に聞いても分からない。自分がどう決断するかです。私の話も話の内容自体はどうでも良いことなのです。私の話を契機にして、自分の運命に生きるということを決めるか決めないかということなのです。それを決めれば、段々と運命は浮き上がって来る。これは慣れです。私は非常に武士道が好きで、子どもの頃から武士道だけで何とかやりたいと思って生きてきたので、知らないうちに運命と直面して、自分独自の運命というのがどんどん増幅して見えやすくなっているのです。まず運命というのはそういうものだということを認識して下さい。

宇宙の存在物の一つである我々には、自己固有の運命というものがあります。我々に与えられた運命は銀河系、太陽、そして惑星特に地球の運命と密接に結び付いているのです。地球の中のすべてのものにも独自の運命がある。その中で我々は人類のうちでも日本民族、もちろん日本人ではなくフランス人でも中国人でもいいのですが、自分の属している民族ということです。民族にも運命がある。そこから分かれて我々は個人の固有の運命を有しているということです。だから、我々が日本人の場合なら日本の歴史を学んだり、日本の先人の魂に触れるというのが、日本民族の魂、日本民族の運命を知るために必要なのです。しかしこれは知っただけでは何の意味もない。その知ったことから、その派生してきた自分個人、日本人の一人である自分の運命と重なり合わないと意味がないということです。

過去に自分独自の運命に生きた人たちの運命が、自分の中でいかにもう一度生き返るか、それが運命論だということです。運命は、運命しか参考にならない。本当は宇宙の歴史とか地球の歴史、そして銀河系の歴史、太陽の歴史、太陽系の歴史、そういうものを勉強すると、自分の運命の偉大さというか、ありがたさというか、その尊さが分かって来る。そういうものも好きな方は勉強すると良いと思います。太陽の寿命も重要ですし、地球の生命と自分の運命が重なり合っているということが分からないと意味がない。太陽が太陽、地球が地球として、別のものだと思ったら、それは自然科学の研究といって、単なる学問になってしまう。その学問が自分独自の生命と交錯すると運命に変わってくるということです。だから、どんな学問も全部自分と交錯しないと意味がないということです。運命が難しいのは、物質主義から離れるほど価値が出て来るところにあります。価値があると言うとおかしいですが、物質から離れて自分と合一するほど、個々の運命の作用は増大するということです。

例えば物理学なら物理学というものを皆さんが勉強した場合、物理学という学問として勉強していても何の意味もないということです。その物理学が自分の生命そして運命と交錯すると価値が出て来るのです。この交錯の仕方が、自分の運命に体当たりしないと分かって来ないのです。自分の運命というのは唯一無二ですから、この唯一無二のものがどういうところから出て来るのかというのを皆さんが納得しないと自分の運命の尊さが分からない。運命というのは宇宙に唯一つですから、どこにも参考例がない。誰に訊いても分からないし、親に訊いても分からない、友達ももちろん先生に訊いても分からない。ただ、私はそういうのを割と自分では分かったと思っているほうなのですけれども、自分の人生に起こることに体当たりをしていくとすべて分かってきます。自分の運命は、自分以外には分からない。

運命の垂直性

人間はすべて自己固有の運命を有している。それは宇宙にあるいろいろな運命の分力なのだということです。従って自分の本当の運命を知るには絶えず自己の運命を生み出したものを仰がなければならないのです。最初に言った垂直ということです。まずは親から始まります。大体、親孝行の心がない人間にろくな人はいないのです。親孝行からすべてが始まる。親孝行というのは何かというと、先祖を敬うということなのです。先祖を敬うということは、歴史を敬うということです。歴史を敬えば、民族の精神が分かるのです。民族の精神が分かれば人類が分かり、人類が分かれば地球が分かる。ずっと垂直に繋がっていく。これが分かって、その末端に我々の運命があるということなのです。

少し分かりにくいですが、そこも分かっていかないと運命というのは分からない。全員が宇宙に唯一無二の運命を有していると分かれば、その唯一無二の運命を生きることが本当の人生だということも自ずから分かって来る。だから人生には最初に話したように、長さもなければ、何が良い悪いもないということです。自分に与えられた唯一無二の運命を生きれば、二十歳で死んでもそれは素晴らしい運命を生きた人生だったということなのです。

何度も繰り返しますが、二十歳で死んだ人が、とにかく早死にで可哀相だと思ったらもう運命は一切分からないということです。吉田松陰は二十九歳で死んだのですが、七十二歳の今現在の私などより、当然だけれども途轍もなく尊く偉大な人生を送った人だと思っています。それが分からないと駄目だということです。これが運命の根本だということです。

それで、その運命が一番嫌いなものが、最初に話した水平ということなのです。水平ということは、一般論、流行り、テレビでやっているようなことです。そういうことは、もちろん生活する意味で、ある程度は必要ですけれども、やればやるほど自己の運命は分からなくなります。ちなみに言っておくと、私はテレビも見たことはないし、新聞も読んだことがない。もちろん、偶然目に入ることはありますが。一切、世間には興味がない。まず世間を気にしたことも見たこともない。これは自慢なのですけれど、過去の偉大な人の魂について本を読み、自分と重ね合わせることだけを昔からやっています。それで武士道がとにかく好きですから、武士道以外には興味がなかったので、子どもの頃から世間には全く興味がないのです。運命は垂直を愛し、水平を嫌うということを、とにかくここで分かってほしいのです。

我々の生命とその人生は、運命を生き切るために存在しています。我々の肉体は、自己固有の運命を乗せる乗り物です。そして、誕生からその死まで、運命を燃焼させるためだけに我々は生きている。これが我々の人生の本質なのです。我々の肉体は乗り物だとは、よく言われることですが、これが本当に分からないと運命は生きられません。私も肉体は青春期から投げ捨てる覚悟で生きていますけれど、まだまだ生きています。そう簡単には死なないので大丈夫です。まずはいつ死んでもいいと思わないと駄目です。

運命というのは、体内の奥深くの魂の中に宿っていますから、肉体に関わっていれば、最高に良くて生命時間しか送れません。生命時間というのは、人類の誰にでも与えられている「種」の時間です。その時間は、動物としての時間でしかありません。水平つまり横ばかり気にしていると、この時間を生きることになってしまう。もちろんそれでも良いのですが、もっとそれより尊いものが、私は個別の運命だという話をしている。だから今、皆、長生きになったと言うけれども、私などは少しも日本人は長生きになったと思っていないです。例えば私が子どもの頃と比べただけでも、皆五十代、六十代で死ぬ人が多かったのですが、ずっと人生は濃い。これだけは、断定できます。私の祖父、祖母も含めてです。どのくらい濃いかというと、別に頭が良いとか悪いではないですが、昔の人というのは近所の悪口だけ言って、死ぬまで暮らせた。

うちの祖母もそうでしたけれども、私が小さい頃、近所から誰か遊びに朝の十時にきて、夜の十時か十一時まで家で一日中話している。全部思い出話です。年寄りですから。昔こうだったとか、ああいう馬鹿なことした人間がいたとか、あれがどうしたという話です。今そんなことで時間を費やす人はいません。昔の人は本当に生きているから、本当に生きた人というのは、思い出だけでもう楽しいのです。そういう時間を持たなければ駄目だということです。思い出になる時間を持たなければ駄目なのです。喧嘩しようが何しようが、苦しんだ時間、楽しい時間が全部その人固有の運命の時間なのです。だから知らず知らずに昔の人は運命を生きている。皆さんも少しは記憶に残っているとは思いますが、昔の近所付き合いは、全然違います。ほとんどは喧嘩です。今は良い人になろうと思って、昔の人がやっていたことを全部破壊して駄目になってしまった。思い出というのはほとんどが悪口であり喧嘩です。私の記憶でもほとんどそうです。

後から考えたら懐かしいというだけですから、昔の社会は良かったとか言う人は多いですけれど、私は全部記憶してますが、ちっとも良くない。昔は毎日、毎日嫌なことしかない。家の近所だって昔はもう全員知り合いですから、頭なども下げっぱなしです。私も子どもの頃というのは全部目上ですから、あっちでペコペコ、こっちでペコペコしてばかりいる。それで少し遊びに夢中になってお辞儀をし忘れたら、家に帰ったときにはもう母親にそれが伝わっています。お宅の次男が挨拶もしないということで言われる。そういう社会だった。だから現実は嫌でした。しかしそれが、個別のその土地に生まれたその人の運命を創っているのです。運命というのは、そういう濃いものなのです。その頃のことを思い出してほしいのです。

「運命への愛」を信じる

運命というのは、自己の魂に内在するものと、それを動かすためにその魂に降り注いで来る宇宙エネルギーの二つによって出来ています。肉体を忘れなければそれを感じることは出来ません。肉体に固執している人は、運命は絶対に成し遂げられないということを、今日覚えて下さい。肉体は運命を生かすために、乗り物として手入れする程度です。自動車の手入れをするのと一緒で、その程度のものだということです。私などは、ほとんど手入れはしたことがない。手入れしているように見えるらしいのですが、していないです。私は、四十年以上、健康診断も受けたことがない。病院もいったことがないし、何にもしない。病気になったら死ぬつもりでいますから。これは本当の話です。そのくらい私は、運命とか魂の研究のほうが重要だと思っている。これは十代からそうです。それでも今きちんとこうやって生きていますから、そうすると人間は簡単には死なないということです。

運命の定義というのは大体今のところまでですが、ではその運命を生かすにはどうしたらいいかというのが、一番重要な考え方になります。それは「運命への愛」ということなのです。これは自己の運命を信ずるということです。ヨーロッパでも一番重要な考え方で、ラテン語で「アモール・ファーティー」といいます。これはマルクス・アウレリウスというローマ皇帝の『自省録』という本に書いてある考え方なのです。自己の運命を愛するということです。運命というのは愛さなければ駄目なのです。自分の運命を愛する。今は自分が好きだという人が多いですけれども、そういうのとは違う。好き嫌いではない。自分に与えられた運命を愛するのですから、自分自身とか自分の好きなことを愛するのではないということです。私自身がそうやって生きてきて一つ言えることは、不幸になってもいいと思わないと運命は愛せないということが分かったのです。駄目でいい、不幸でいい、不健康でいい、いつ死んでもいいと、こう思うと自分に与えられている運命が見えてくる。私の経験ではそうでした。良くなりたい、成功したいとか思っていると、どうしても好みのほうにしかいけない。

ついでに言っておくと、好みは大抵、運命ではないです。運命というのは、私の経験や私が本の上で知っている過去の運命に生きた人達の人生を見ると、自分の嫌いなことが多いです。私自身もそうでした。私も、今やっていることは全部嫌いなことです。自分が好きだったことは、まず一つもない。私の場合は自分が運命だと自覚したら、それを好きになってしまうので、現在では他人から見て嫌いには見えない。しかしかつては嫌いだったということです。その辺を、コツとして覚えておいて下さい。

「運命への愛」としてまずは、自己の運命を信ずることが必要です。我々が自己の運命を貫徹し、それを本当に生かすには、運命の前駆エネルギーである宿命をすべて認め、自分の中に落とさなければいけません。この宿命論というのが一番重要で、これにつまずいている人が多いし、これが分からない人がほとんどです。宿命というのは何かというと、ここに自分の生まれた家とか日本人であるということも含めて、自己固有の運命を生かすための材料がすべて入っているのです。それを全部認めないと運命は動かない。例えば貧乏に生まれたら、それを嫌だと思ったらもう駄目だということです。自分が貧乏に生まれたら、貧乏に生まれた謂《い》われがあるということです。体が弱い人は体が弱い謂われがあるということなのです。そういう自分に与えられた宿命というのは、根本的に言うと、昨日までにすでに過ぎ去った時間です。もう変えられないものです。変えられないものを愛さなければ、次に変えられるものを良い形で運用することは出来ないということです。

宿命を受け入れる

最もつまらないものでは、昔は学歴コンプレックスとかそういう人がいましたけれども、そんなことを思っているのはもう全然駄目です。学歴どころではないです。生まれた家柄とかそういうものも含めて、顔の良い悪いなんて、特に低俗です。顔なんか悪かったら喜ばなければ駄目です。顔が悪い事を愉しむのが運命なのです。運命というのは、チビはチビを愉しむ、ブスはブスを愉しむということです。つまり、味わうということですね。これを嫌だと思ったら運命は分からない。先に進まないということです。それが分かると、自然の力で変革が起きます。これはもう私が自分でも経験していますけれども、分かった瞬間にいっぺんに、その場でホルモン代謝から身体から全部動きます。そこになるまでは結構大変です。私はもうベテランですから、自分の運命がこうだと分かったら、その場でゴロっと変わってしまいます。大好きなものがあったとして、例えば食べ物でもその好き嫌いまで変わってしまう。

自分はこの食べ物を食べないほうが良いということが運命的に何かで分かったりすると、健康上の理由など全く関係なく、その場でその食べ物が大嫌いになります。うちの会社の従業員などで目撃している人は何人もいますが、びっくりしています。運命を愛するようになると、嫌いなものでも自分の運命として来たら逆に好きになりますから大丈夫です。ただ、最初は大変だということです。最初はやはり、運命を全部受け取らなければいけませんから。受け取っているうちに、上手く処理できるようになって好きになれるのです。これは私が経験済みですから、この宿命をすべて認めるというのは、皆さんも大変なところもあるでしょうけれども、これを嫌だと思っては駄目なのです。自分に与えられたものは全部、素晴らしいとは思わなくても、自分の運命に必要だと思わなければ駄目なのです。何でそれが自分の人生に与えられたのだろうか、ということを考えることが運命の始まりです。

　私は、小さい頃、何度も何度も死にそうになって、大病ばかりして四回も医者から死を宣告されている。私は武士道を好きだったけれども、やはり十代から二十代くらいまではもっと健康に生まれたかったという、そういう願いがあったわけです。そのときは、体は一切良くならなかった。その内に、私が大病ばかりするのが、私特有の宇宙から与えられた運命だということが分かる時期がきたのです。そこからは全く大病することはない。それで、ここがまた重要なのですが、どんなことがあってもいいと思わなければ駄目なのです。運命というのは、不幸になってもいい、駄目でいいと思わなければ全然活動できません。

　ジョージ・バークリー*という私の好きな哲学者がいるのですが、その哲学者に「認識することによって、存在というものは生まれる」という有名な言葉があるのです。認識によって初めて存在があるということです。それを表わしているのが今のことです。自分の宿命を認識することによって、初めて自分の存在の根本である運命が浮き上がってくるということです。宿命で一つでも嫌なことがある人は、自分の運命は生涯発動しません。誰を見ていてもそうです。その人は個人の名前を持っているかもしれませんが、その人固有の個人の人生は送れないということです。人間に与えられた「種」の時間を生きるというだけになってしまう。個人の名前を持っている個人の人生は、個人に与えられたもの全部を認識した人間のものなのです。嫌だろうが何だろうが認識して受け取らなければ始まらないということです。

宿命とは自己固有の運命のうち、既に過ぎ去ってしまい変えることの出来ないものすべてを表わします。時代、民族、家庭、環境、今日までの自己の過去、これらすべてが自己の宿命であるということです。つまり簡単に言うと、「私はこうだ」というのか、そう言い切れる人生を送れるかどうかということなのです。不幸だろうが短い人生だろうが、いつ死のうが、私はこういう人間なのだと思えなければ駄目だということです。そう思えると、自己固有の運命が発動して来るということです。最初は難しいのですが、これをやり出すと案外簡単ですから、皆さんやってみて下さい。個性的な人生を送った人というのは、「私はこうだ」ということを認識している。その代わり、私はこうだというのは、人から褒めてもらえるとか評価を受けるということとは全然違うということなのです。ほとんどは貶《けな》されます。なぜかと言えば人と違うからです。

全部が体当たり

私は親孝行な人間のほうです。それこそ、両親には死ぬまで口答え一つしたことはないです。しかし父親には死ぬまで勘当されていました。いくら親孝行でもやはり私自身は父親とは違うということです。私の父親というのは戦前の典型的なエリートでありその志向の強い人です。だから、やはり自分と同じでないと認めない。どうしても相容れない。これは仕方がないのですが、それで勘当されていたということが、過去にあります。もちろん、勘当されても父親が悪いなどとは思っていません。私は自分の生き方で、それはもう自分が勝手にやっていることですから。ただ、自分が自分の生き方をするということは、一番大切な人間にも嫌われるということです。言いたいことは、私にとって親は自分の命より大切だと思っていました。その自分の命よりも大切な人間にも勘当されるということですから、それが自己の運命を生きるということなのです。

先ほど述べた宿命を本当に認めると、そのときからいよいよ自己固有の運命の旅路が出発します。認めなければ過去に囚われたまま、エネルギーは一生涯燻って終わるということです。これは唯一ということの本当の意味を知るということです。宇宙の実在としての唯一の自己の存在を知ることが出来るか、出来ないかの違いです。そしてこれが出来たら、次には自己に起こることすべてに無条件に体当たりするのです。体当たりは、宿命を完全に呑み込んだ人だけに出来ることです。その体当たりによって、自分の運命が徐々に分かってくる。自分の夢、自分の希望、自分の欲望と真の運命は大きく違う場合も多い。

人間は、自己の運命、本当の運命にしか本当の人生はない。そして先ほども言ったように、自己の宿命と自分の過去を認めると、初めて人生に起きて来ることに体当たりが出来るようになる。宿命の中で、一個でも嫌なことがあった場合、例えばもっと金持ちに生まれたかったなどと思っていたら、これは知らないうちに水平思考にいってしまうのです。宿命を完全に認識しないと、他人に認められたいとか、成功したいとか、幸福になりたいとか自動的に思ってしまう。宿命が嫌だと、人間というのはその宿命から逃れようとして成功と幸福を求めるのです。ところが宿命を認めると、宿命の中で運命を貫徹する愉しさということが分かって来る。それは自己固有ですから、自分だけの運命を生きることが出来る。宿命を認めるとそれが分かるのです。そうすると自分の人生に起こるすべてのことに「体当たり」が出来るようになるということです。

私は当然すべて体当たりでやっています。何でも、そしてもちろんこの講演もすべて体当たりです。会社の経営も私は全部そうです。私は四十年間、会社を経営していますけれども、会社はもちろん伸びっぱなしで、優良会社の代表中の代表なのですが、決算書は一回も見たことがないのです。会社の書類はゼロです。毎日、研究と商売に体当たりしているわけです。それで、根本の部分の信念は、商売ならお客さんのために全力を投入すれば、どんな商売でも必ず結果は儲かると決まっているのです。だから儲かっていなかったら、それはやっていないということなのです。私は本当に体当たりしていますので、体当たりの結果は見ますが書類とかそういうものは見たことがない。個人的な収入に関しても、ものすごく私は高収入のはずなのですが、見たことがないので分からないです。私はお金にも全く興味がないので、自分の収入も財産も全く知りません。

私はサラリーマンをやっていたときから、給料袋とか、給料とかは一切見たことがない。給料なんて聞いたこともない。だから勤めていた会社も二十代の頃はサラリーマンをやっていましたが、生活に必要な金額をおろすだけで、いくら振り込まれているのかも見たことがない。そのぐらい運命というのに生きるようになると、その他のことは気にならなくなるのです。これは不思議ではないのです。私は武士道が好きなので、どうしても自己固有の運命を生きることになってしまうのです。そうなって大学を出て、就職した頃には私はお金も何も全く興味がなくなっていました。自分にどんな運命が来るのかが愉しみでしたが、最初は相当悪かった。こんなに悪いのかと思いました。それほど悪くても、受け取らなければ駄目なのです。受け取って味わっていると途中から私の場合は良くなりました。それで、過去の人も、味わっている人は皆、途中から良くなります。途中からというのをよく覚えておいて下さい。

体当たりをしていると、自分に来るものが段々と分かるようになる。なんとなく自分にやって来るものが何だろうかというのが、分かるようになる。そうすると自分が宇宙から与えられて生まれて来た謂われが分かるようになってきます。何百回も体当たりをしていると、自分に来る運命の種類が見えるようになって来る。それが見えるようになって来ると愉しくなるということを言っています。自分が生まれてきた謂われが分かるのですから、その謂われがさっき言った自分の好みとは大抵違うということです。しかし違っていても、それが唯一無二の運命だと分かってくると好きになるのです。ただもともと好きだったものではないということを言っているわけです。

愛は苦悩しかない

運命というのは、好みとは違いますが、普通は私が今まで聞いてきた人だと、子どもの頃に思っていた事柄が多いです。これは違うものも多いので、何とも言えないのですが、子どもの頃に何となくこうしたいああしたい、ああなりたいこうなりたいと、少し思っていた夢みたいなものが近い場合が多いのです。これが結構、その人の運命だというのが多い。ほとんどの人の話を聞いているとそうです。それで大抵、高校生とか大学生ぐらいでいろいろな受験とか、さまざまな出来事で諦めたというか、そういう場合が多いのです。そして諦めてしまうと不思議なもので、子どもの頃に思っていたことが嫌いになっているのです。嫌いにならないと生きられないから嫌いになったのだと思うのですが、そうなっている、大抵はそういうものが多かったということです。ただこれは全部とは言わないです。

さらに、失敗と他者からの蔑みを度外視しなければ運命は摑めないということがあります。ここは大変重要です。何でも良い、まず自分が信ずること、興味のあることに体当たりをし続けるのです。この失敗と蔑みが自己固有の運命に対する本当の愛を生み出す。愛は苦悩と悲痛の中からしか生まれないということ、これが真実なので今日限りでそう認識して下さい。楽しい愛は全部嘘です。愛というのは、本当に人を愛するだけでも苦悩しかないのです。昔の親というのは、本当に子どものことを愛していましたから、もう子どもが出来たら一生苦悩です。子どもの心配だけで生涯終わりです。それが愛なのです。子どもと楽しくやっている人は、大体は愛とは違うのです。これは違うと言うと少しおかしいですが、要は自己愛なのです。子どもへの愛ではないと言っている。

私が最も尊敬している哲学者でミゲール・デ・ウナムーノという人がいます。その『生の悲劇的感情』という本が素晴らしい名著で、私が最も魂を打たれた思想なのです。この中に「真の愛は苦悩の中にしか存在しない」という有名な言葉があります。ここが凄く重要なのですが、愛というのは苦悩だということをここで覚えておいて下さい。これと運命との間に、相関関係があるのです。ここが分からないと運命が摑めないということです。楽しいことばかりを求めると、自己の運命というのは大抵摑めない。

次に失敗とか蔑みを度外視しなければ運命は摑めないということなのですが、自己固有のものが運命ですから、自己固有のものというのは、ほとんどが他人から見れば蔑みの対象になるのです。自分以外には分からないのですから。だから皆、褒められようとした瞬間に水平思考と言って、必ず流行とか一般論という自己固有ではないものに支配されてしまう。知らない内にそうなってしまって、それは自己の運命にとっては反作用としての働きしかないということなのです。私などもそうは見えないようですが、随分と失敗や蔑みばかりの人生でした。

そして体当たりの生き方は、不幸の人生を覚悟しなければ貫徹できません。不幸になっても構わないという覚悟がなければ、絶対に自己固有の運命を愛することは出来ないのです。そう思えない人は、結果として周りだけを見て、燻った人生を送ってしまい自分の真の生命と運命を失なうということです。ウナムーノは先ほどの言葉に続けて「人間は愛の苦悩の中で生きるか、すべてを諦めて幸福になるかしかない」と書いている。現代人はここを本当に知らないと駄目です。もちろん今の幸福を悪いと私は言っているのではないのですが、愛の苦悩をやめて一目散に幸福になろうというのが現代の多数派だと私は思っています。これはウナムーノが言っていた二十世紀初頭からそうだということです。それでこの幸福というのは、幸福という単語を使っているだけで、もちろん本当の幸福ではない。「私たちって幸福だよね」みたいな幸福です。こういうものを善人思想というのか、今一番多いものです。これは気を付けて下さい。

本当に不幸になってもいいと思わないと運命を生きられないので、今日限りその覚悟を決めて下さい。これは私も毎日思っています。今日も、今もいつ不幸になっても全く構わないつもりで生きています。今日はこの大阪から東京に本当に帰れなくてもいいと思っています。そのくらい思って私は生きています。そう思わないと、私などはもう出来ないのです。例えば、頼まれたからこの講演をやっているのではない。自己の運命だと思ったからやっているのです。自己の運命を貫徹するには、そこに死する覚悟がなければ駄目なのです。

人生は神話である

　先ほどから述べている不幸の覚悟は勇気がなければ生まれてきません。だから、その生き方が出来る者は、自己の勇気を確認することが出来る。勇気こそが自己を信ずる精神を生むのです。不幸を覚悟するのは、勇気の要ることです。当たり前ですが、本当に覚悟をしてそういう動きを取って頂ければ、自分が結構、勇気があるということが段々分かって来る。だから重要なことは、自分の勇気を信ずることが出来るかどうかが人生だということなのです。私は自分の勇気を信ずることが出来るので、ほとんど嫌なことはこの世にないです。なぜかというと、自分の持っている勇気というものを信ずることが出来るからです。自己の勇気を信ずれば、自己の人生を味わうことが出来るようになるのです。

　これは私の生き方によって出てきている。運命というのは、信ずる心に引っ張られて来るのです。自分を信ずることが出来ると、運命は巨大なエネルギーになっていきます。これは私が経験した自己の人生の最大の愉しみでした。運命を本当に信ずるようになってから、もう何でこんなに自分の運命はすごいのかと思うような運命がどんどん来ます。受け取るのも大変です。そのくらいのものが来ます。段々来るのです。やれば皆さんにも来ます。ただ勇気から出るということです。昔の人間が直観で思ったのですが、運命というのは「運命の女神」と表わされますが、つまり女性ということです。何を女性と呼ぶかと言うと、勇気に惚れるものを女性と昔から言うのです。女性と呼ばれる存在は、勇気に惚れるのです。だから運命というのは勇気が必要なものなので、必ず運命を司るのは女性だろうと昔の人は思った。それで「運命の女神」と言う。これを信じて不幸の覚悟を続けてやっていくと、自分の人生が一つの神話になっていきます。

本当に一人ひとりの人生というのは神話なのです。これは大袈裟に言っているのではない。宇宙にただ一つしかないものというのが、この地上で現成すれば神話なのです。だから私の人生は神話なのです。嘘ではない。私の著作を読んだ人はほとんどそう言っています。私を知っている人も事業を通じて、私の人生は神話だと皆、言っています。既に書いた著作も、とても信じられないと言われています。それはつまり神話だからなのです。書いてあることが、「はいはい、なるほどね」というようものはすべて水平で駄目なのです。私みたいな話は神話だと言われる。神話だと言われる人は、だから偉いと言っているのではないのです。少なくとも自分独特の運命を生きてきたということを言っている。だから私は、独特の人生を生きてきましたから、それを本にも書いているし、語ってもいるから、神話だと思われるということです。だって他の人が理解できないんですから。理解できる一般論というのは、私は一切していません。一般論を全くしなかったというのが、私の特にすごいところです（笑）。

『葉隠』だけを信じて

私は『葉隠』だけを信じて生きてきました。これは今後も死ぬまでそうです。武士道とは死の哲学であり、死を前提とした生の燃焼を説くものなのです。それが「不幸の哲学」と言われる原因なのでしょう。武士道そのものが不幸の哲学であり、主体のためにどう死ぬかの研究が武士道です。一般には不幸の哲学だと言えます。私は偶然これが好きになったので、本当に幸運だったと思います。しかし、この死と不幸の思想が多くの日本人に真の人生を与えてきたと考えています。これは歴史的な事実ですから、この辺を今日は皆さんに理解して頂きたいのです。

日本人の場合は特に分かると思いますが、歴史上で憧れる人は大抵の人たちが武士です。男らしく生きた武士とか、あと武士の妻とか、武士の妻も皆、武士です。夫と何かに殉じたとか、日本の歴史上偉大な人は皆そうなのです。そこが重要なところなのです。死の哲学であり、不幸の哲学を信奉してそのように生きようと思っていた人が武士道的な人たちでした。だから日本人の多くが、武士道を好きであり、皆さんの尊敬している人がそうだったということは、皆さんも実は武士道が好きだということなのです。そこに気付いてほしい。だから健康になりたい、成功したい、幸福になりたいと言っている人のことは、実はみんな好きでもないし、尊敬もしていないのです。そういう人は現実にいるのですが、皆さんも会えば、軽蔑します。

多くの日本人が昔は分かっていましたけれど、武士道は高度成長と消費文明によって日本人から忘れ去られた思想なのです。しかし、皆さんも実際には「不幸の哲学」で生きていた武士道的な人を尊敬しているのです。成功したい、成功したいなどという人を皆さんも本当は嫌っている。ところが実際は今、健康になりたい、幸福になりたいと多くの人は思って行動していると思います。要はマスメディアに踊らされているのです。これは消費文明の消費戦略です。

皆が低俗で、軽薄で遊び人で、無駄金を使う駄目な国民でないと、当面の経済は成長しません。要はそれに乗っかっているということです。これは今の時代の潮流なので仕方がないのですが、運命というのは唯一無二ですから、運命を生きたかったらやはりここから出なければ駄目だということです。私は早くから出ていますから、自分でも本当に自分の運命を愛することが出来ます。自分の運命が好きになると、本当にいつ死んでも良くなる。死が嫌だと思っている内は、自分の運命を愛していないのです。これだけは絶対に言えます。昔は、自分の死を何とも思っていなかった人が多かったのですが、あれは、今から見ると自分の運命が好きなのです。自分の運命を生きていると、いつ死んでもいいと思います。私も、もちろんそう思っています。

次に、皆さんにお渡ししている「葉隠十戒」（巻末資料P.284参照）に書いてあることは、私が小学校五年生のときに纏めて、私はその生き方のまま七十二歳の今日まで生きています。その十戒の中でも特に「死に狂い」というものと、「忍ぶ恋」、それから「未完」というこの三つの項目に、私は自分の生き方と葉隠の思想を集約してやっているのです。「死に狂い」というのは体当たり、「忍ぶ恋」というのは、到達不能の憧れに向かう生き方です。「未完」というのは犬死や中途挫折を恐れない勇気のことです。つまり自分の人生は、未完成でいいということです。自分の人生は何も出来なくていい、犬死でいいということです。そう思うのが未完の思想です。ここで一つ覚えてもらいたいのは、未完でいいと思わなかったら何にも出来ないということです。皆さんが何か出来ない悩みがあるとしたら、それは完成したい、やり遂げたいと思っているからなのです。犬死でいい、未完でいい、認められなくてもいいと思うと、何でも出来る。だからそう思わなければ駄目だということです。私自身は当然そう思っています。

私は事業なども、出来るところまでやりたいと思っているだけで、こういう風にしたい、ああいう風にしたいというのは一切ないです。社員にも全員、何の将来の保証もないので、皆自分の人生は自分で考えるように言っています。これはもう、仕方がないのです。人の人生を保証できる人などはいません。命は親子でも代われないのですから。皆自分の人生を生きるのが精一杯で、それをどのくらい生きたかが人生の尊さなのです。私の場合はこの死に狂いと忍ぶ恋と未完だけでこれ以外は、何もないのです。ただ、思春期からこの三つの思想だけを胸においてやってきたということです。それで本当に良かったと思っています。だからこういうところで話しているわけです。

運命を愉しむ

そして運命を愉《たの》しむことに尽きます。将来が分からない人生ほど愉しいものはない。私は将来のことを考えたことはありません。なりたいものもない。欲しいものもない。いつ死んでもいいと思っています。こう思わないと運命は愛せないし、運命は来ないのです。私は本当に思っていません。将来こうなりたい、ああなりたいと少しでも思ったら、もう運命は来ないのです。そう思ったら、その場から一般論になります。一般論ということは流行であり、今の皆が言う主体性のない人生観です。たまたまテレビがついているのを見ると、よく保険の宣伝とかしています。だから皆、将来のことばかり考えるようになるということです。なりたいものもないという人間でないと運命は来ない。運命として来るもので構築されるのが人生なのです。自分が何かになるのではない。自分に来るものが運命なのです。

だから一番簡単に言うと、昔だと親がやっていたことが運命です。それが一番簡単です。しかし、簡単だとはいえそれが本当に運命なのです。大体親の職業が嫌だとか言うところから、今のような人生が分からない時代が始まってしまったのです。だから先ほどから好き嫌いは駄目だと言っているのです。それで私の場合は欲しいものもないですが、ここに到達するまでは大変でした。私はもう全然欲しいものもないです。とはいえ運命で来るものは全部もらってはいますけれども、何か欲しいと思ったことはないのです。

次は運命の愉しさを摑んでほしいということです。人生はどうなるか分からないから愉しいのです。本当に皆さんは勘違いしていて、今の人は分かろう、分かろうとしている。将来のことを計画して、どんどん人生をつまらなくしてしまう。私などはもう、なるようになると思っていますから、愉しいのです。本当に今日死んでもいいのですから。これは別に珍しくないのです。私が小さい頃の年寄りは、大体こう言っていました。「人生なんかなるようになる」と。どうにかなるさと皆言っていました。私は昭和二十五年生まれなのですが、私が十歳になるまでは、近所のおじいちゃん、おばあちゃんは皆そう言っていました。まだ保険思想とか、高度成長の思想がない時代の年寄りです。「駄目だったら駄目だ。諦めればいいのだ」と皆、言っていました。私が言っている思想もそういうことです。駄目な場合は諦めて下さい、これが重要です。

自分の運命がそうだということです。それが分からなければ駄目なのです。自分の運命が駄目なものを志向していたら、駄目にならなければならないのです。こうやっていると、本当に先ほどから言っている、自分だけの運命、自分だけの生命、自分だけの幸福、自分だけの文明というものを持つことが出来るようになるということです。そしてその条件は、死と不幸を許容するということです。死と不幸を許容していかなければ駄目です。これを許容すると、自分の運命が発動する。とにかく好かれようと思うのと、評価を受けようと思うのが一番駄目です。

自分の運命燃焼にすべてをかけることによって、この愉しさが分かって来る。好かれたいと思えば運命を失ない、評価をされたいと思えば運命は去ってしまうのです。どうなるか分からないものを愉しむということです。私なども今日ここに来てびっくりしましたけれど、あまりにもすごい建物なので驚嘆したのです。今日はどんなところで講演するのか、どこで何をやるのか何にも分からないで来ていますから、出たとこ勝負です。

私は立教小学校というところを出ているのですが、キリスト教の学校で私は小学校の頃から『聖書』を読んで、そこにキリストの言葉で「明日のことを思い煩うな」というのが書いてあったのです。小学校四年ぐらいだったか読んでなるほどと思って、それから本当にそれを信じて今でもそう思っています。本当に良かったと思います。今は思い煩っている人ばかりですから、思い煩えば煩うほど人生は駄目になります。これは誰でもそうです。今現在も、ある程度成功している人とかある程度幸福な人は、思い煩っている人はいません。だから、知らない内に運命に体当たりしている人が多い。私は武士道が好きだから、運命論などと言っていますが、成功している人は理論などなくても運命に体当たりしている人がやっぱり多いです。

自分の運命に何があるかという、まずその愉しさを味わってほしいのです。これは先ほどから言っていますが、何かを思ってしまうと駄目なのです。自分が生まれてきた謂われ、与えられている運命にどんなものがあるのかを愉しむようになってほしいということです。そしてまたその条件は不幸でもいいと思うことです。不幸な運命がきたら、「ああ、こんな不幸になる運命が自分には与えられているんだ」ということを思ってもらいたいということです。私は来ればそう思います。「あ、なるほど」と。何か理由があって、神様がこういう運命を私に与えたのだろうと。それで、そこから考えれば理由は分かって来るのです。そうすると、不幸が不幸ではなくなって来るというのが人生だということです。

社会的なものに囚われなくなれば、段々とこの醍醐味が分かってくるはずです。もし皆さんが分からない場合は、水平といって、社会の何かに囚われているということです。社会ではなく、自分に内在しているものを愉しむのだということです。自分の行く手に待っている自己固有のものを愉しむ。自己固有のものがさっき言った神話であり、真のドラマだということです。これは全員がそうですから、人間の運命というのは、私がいろいろな本でも読み、いろいろな人と付き合ってきて思うのは、発現すればもの凄いドラマであり、もの凄い神話なのです。ほとんどの人がそれを発現させないのです。ほとんどの人が水平化を行なってしまう。

運命は美しい

私はいつでも『葉隠』の研究と実践を自己の運命と考えています。私の目的はそれだけで、その結果も、他人の理解も何も求めていないのです。『葉隠』を実行し、生き、そして死ぬ。それだけです。その愉しさが運命の愉しさなのです。私の場合は、『葉隠』の実行と研究です。何が来ようと『葉隠』と結び付くので、それ以外は来ません。これは別に私の場合であって、皆さんにはまた別途のものがあるのです。運命と言うのは自己固有ですから、他人の理解を求める人と、評価を求める人が一番摑めません。これがまた現代に一番多いので、気を付けて下さい。私が最も尊敬していた父親からも死ぬまで勘当されていましたから、運命というのは、悪い場合はそういう場合もあります。仕方がないのです。他人の理解は得られるものではない。つまり他人には分からないですから。自己固有なのですから、他人には理解できないです。まあこれは失敗して覚えるしかない。

『葉隠』の実行は、原始キリスト教の精神と原始仏教の精神を私にもたらしたのです。大宗教の本質はすべて自己の運命を生き切ることだけがその教えです。一例として「般若心経」を挙げれば、これが全仏教思想の一大集成と言われるものですが、心経はすべてを否定している。つまり自己もなく、自己に与えられた宇宙的運命だけを謳っている。それが「般若心経」だということです。「般若心経」を読んで頂ければ、すぐに分かります。すべてのものを否定しているのが「般若心経」なのです。存在も、生きることも、愛することも、幸福も、何もかも全部「般若心経」は否定しているのです。そしてそれが、全仏教の中で一番尊い教えだと言われている。このことを考えて頂きたいということです。なぜそれだけ否定するかというと、全部を否定したところで浮き上がって来るものが、すべての人の運命だということなのです。良いとか悪いとか、幸とか不幸とかいうことを乗り越えているものだということです。「色即是空《しきそくぜくう》、空即是色《くうそくぜしき》」「不生《ふしょう》不滅《ふめつ》」と、ずっとこの否定が続くのです。それで最後に「羯諦羯諦《ぎゃていぎゃてい》、波羅羯諦《はらぎゃてい》」というのがあるのですが、この意味はサンスクリット語で「突進せよ。行け」という意味です。

だから「般若心経」というのは、すべてを否定して、最後に「とにかく体当たりせよ、突進せよ」と言っているだけなのです。それが人間に与えられた運命のすべてで、突進をしていけば、皆さん固有の運命が生きるということです。その運命を進め、行け、ただ突進せよということです。これは『葉隠』にも同じようなことが書いてあって、「二つ二つの場にて、早く死ぬほうに片付くばかりなり。別に仔細無し」と言っている。またこれは私が一番好きな言葉でもあるのですが、「毎朝毎夕、改めては死に改めては死ぬ」と、こういうことを『葉隠』は言っている。これが体当たりをせよという意味なのです。死ぬ気でやれということです。私はずっと好きで唱えている。今日も死ぬ気で来ているのです。多分死なないとは思いますけれど、しかしその死ぬ気は本当にそうなのです。

運命の美しさというのは体当たりが生み出す結論だということです。織田信長*というのは恰好いいと思っている人が日本人には多いと思うのです。織田信長は、やはり運命を生きた人の代表でもあるのだけれど、あれはあの人がああいう運命だったのです。本能寺で死ぬときに、有名な言葉で「是非に及ばず」と言っている。「是非に及ばず」というのは、理屈は何にもないのだということです。良いも悪いもないのだということを、信長も死ぬときに言っている。これが私の言いたいことなのです。運命の美しさということはこういうことです。不断の体当たりは、確かに苦悩の人生を生み出す。それが目的なのです。それが運命の一番良い所を引き出して来るということなのです。

それは自己に与えられた固有の運命の中に潜む、生命の真の美しさを教えてくれるということです。失敗とか不幸のほうが、自分の中に在る運命の美しさを知るための糧になるのです。私も失敗とか不幸は散々、経験はしてきましたけれども、一番人生で良かった時期は、不幸のどん底の時期と、失敗のどん底の時期でした。私は今七十二歳ですが、七十二年間の人生で一番幸福だったことは、一般世間で言う失敗、一般世間で言うどん底の時期です。そのときが一番私は、自分の人生で好きだし、自分の運命が美しかった時期だと思っているということです。これはもう、実感です。だからそういう時期を本当は皆さんも送らなければ駄目だということです。

割と今の人は良すぎるのです。良すぎると水平に走って、生命時間しか送れなくなってしまう。運命というのは、不幸も必要なのです。自己固有の運命はすべて美しい。それは宇宙的秩序の一環だからだということです。そういうことを先ほどから話しています。

自己の民族に還れ

私が二十歳のときに出会った言葉で、私の運命論の中心になっている言葉を次に挙げます。これは十字架の聖ヨハネという人なのですけれども、スペイン語でサン・ファン・デ・ラ・クルスと言います。スペインの中世の神秘思想家ですが、この人を私は大好きで「運命への愛」ということを一番実現したと思う人なのです。この人の言葉に、私は二十歳のときに出会った。その二十歳のときから私の最大の座右銘なのです。「お前の知らぬものに到達するために、お前の知らぬ道を行かねばならぬ」というものです。私が運命を語るときは、必ず挙げている言葉となっています。これが運命の醍醐味なのです。これが愉しいのです。知っている道はつまらない。慣れて来ると、本当に知らない、自分がどんなものになるのか分からない道が愉しいのです。分からないけれど自分独自の道を歩むということは、本当に愉しいことです。

また繰り返しますが、駄目でもいいと思わないとこれは出来ません。私は駄目でもいいので出来るのです。成功もする気がないし、別に良くなろうとも思っていません。だからこの道を歩めるということです。ただ歴史上を見て、この道を歩んだ人が一番良い運命と一番良い人間としての人生を送っています。私が尊敬する人も、ほとんど全部この人生を送った人です。結果論ですがそうなのです。真の独立自尊ということです。この十字架の聖ヨハネの言葉を生きる人が、真の独立自尊ということを体現する人生なのです。

さらに運命とは自己のものであり、自己のものではない。自己の運命を満たす最も近い原因は、我々の属する民族にあるのです。民族の運命というものが、特に個性というものを創っている。そして、その個性と呼ばれるものほど美しいものはないのです。愛国心が重要だということは、ここなのです。もちろん運命というのは宇宙まで繋がっていくのですが、一番分かりやすいところが民族なのです。だから民族の魂を体現している人が一番個性的なのです。

フランス人はフランス人、日本人は日本人、中国人は中国人らしい人が、一番魅力があります。日本人のくせに、何だか知らないけれど国際人みたいな人間が一番駄目です。今、結構いるではないですか。日本人の場合は、日本人らしく。フランス人ならフランス人らしくなのです。ここが本当になれば、その人の人生は立つ。輝く個性になっているということです。それが実行できると、生命とか宇宙に自分自身が繋がっていけるということなのです。その前段階が民族だということです。民族というのは個性として一番美しいということです。

私が好きなフリードリッヒ・ヘーゲルという人が、『精神現象学』という偉大な哲学書を書いています。これは私が魂を研究するのに死にもの狂いで勉強した本の一つです。これに「民族の精神こそが真の個性である」という思想と言葉がある。ヘーゲルほどの人も、こう言っているということです。この先に生命の神秘と宇宙の真実が隠れている。日本人の場合、日本の勉強をして一番日本的な愛国心というのを持つと、宇宙的使命も分かってきます。フランス人は、フランスに対する愛国心が本当に生まれて来ると、フランス人の中の宇宙的使命が分かるのです。日本人は日本人で、日本が分かると、分かって来るということです。だから、まずは民族から始めなければ全然駄目だということです。民族の本源が特に個性的な人間を創る。そして、その個性は自己に降り注ぐ運命から生まれ、より強くその運命を推進していくのだということです。

未来は過去の延長

自己の運命に内在する美しさは、各民族ともそれぞれに、歴史上に共感する人物の魂の中にこそ見出せるのです。それを詩といい、文学といいます。だから、歴史は詩なのだということです。皆さんも自己の運命を見出したい場合は、必ず共感する歴史上の偉大な魂を見出して下さい。それが読書の醍醐味です。読書というのは、ただ活字を読むのではない。過去に生きた偉大な人の魂と触れ合うということです。自分の触れ合う魂を見出すための旅路が読書体験なのです。私の場合は、最初はヤマトタケルノミコト*（日本武尊）が好きでした。ヤマトタケルノミコトに惚れて惚れて惚れました。あの伝説が好きでここから、武士道とかいろいろなものが全部出て来る。各人違いますけれど、要するに、歴史上の中に自分の神を見出すということです。一民族の中に一人作らなければ駄目です。まずは日本人なら日本民族の中に一人まず見出さなければならない。一人見出すと、後はフランス人でもドイツ人でもどんどん出来るようになります。

最初に言いましたが、運命は縦に繋がるものであり、垂直性のものです。運命というのは水平を嫌う。だからなるべく流行とか、時代、環境、人付き合い、特にマスメディア、こういうものが好きな人は、運命はすべて駄目になります。現世という物質社会は、水平化のためにあるものなのです。水平化は動物化であり、人間を「種」として扱うものなのです。だから運命というのは、私みたいに付き合いとかいろいろなものが大嫌いな人間が一番すごいです。話の分かる人物とか、そういうのは駄目です。話の分かる人はほとんど水平です。私は結構話の分かる人間に見られるのですが、そんなことはないのです。

運命は縦の関係であり、先人の魂、家系、民族の魂、そして民族の魂が分かると次には地球の歴史、宇宙の淵源、そういうところにどんどん発展していくということです。だから、この縦の研究というのを中心にやって下さい。それで皆さんも、生活に困らない程度に横は知っておけばいいということです。私は世間に全く興味がないので、何にも分かりませんが、私の世間の知恵というのは、母親との会話だけでした。私はもう母親が好きで母親が死ぬまでは、子どものときから六十年に亘って毎日二時間は話していました。母親は世間が大好きですから、世間の話ばかりなのです。少し古い情報ですが芸能界でも何でも知っている。私は母親との話が楽しくて、とにかく面白くて必ず毎日話していた。私が今会社を経営できるのは、母親と話していたお陰なのです。私は母親と話さない限りは、社会のことも世間のことも何にも知りません。一切興味がないですから、あの世間話は本当に良かった。母の世間話は格別に面白いのです。世間話だけで、私はいろいろな人から人生相談も受けているのですが、私と知り合いになると、皆が人生相談してくる。それに答えてあげているのですけれど、全部母から聞いた知恵以外にはない。

運命はどの時代にも一人として同じものはない。すべて過去から未来へと続く自己独自のエネルギーなのです。過去から未来にいく独自のエネルギーですから、運命に生きていて垂直の過去に詳しい人は、未来のことは全部分かるようになります。水平はいくら研究しても未来のことは分かりません。水平というのは現在だけですから、未来のことは何も分かりません。それに引き替え、私は予言者だと言われています。なぜかというと運命が好きで、過去の魂が好きで、読書と過去の人との触れ合いだけに生きてきたからです。だから、人類の未来がすべて分かるのです。この日本や世界の経済がどうなるのか、地球がどうなるか、アメリカがどうなるか、中国がどうなるか、全部分かっています。いろいろ本に書いたりもしていますけれども、これはなぜかというと簡単なことで、今言った垂直思考だからです。

過去が分かれば未来が分かるということです。分からない人は皆、現在の研究ばかりしています。人の言っていることを聞いたり、そういうことばかりしていると分からない。だから自己と同じものはないと言いましたが、これは現世にはないということです。過去にはある。それから未来にもあります。だから私は自分と共感する人間は、過去に何人も見出しています。楠木正成*

とかヤマトタケルノミコトなども、もうほとんど同一です。勝手にそう思っているのですが、本当に一緒です。それで、過去に同一の人間がいる人は、未来にもいます。私はＡＩの、未来のロボットの中に、自分の魂を載せることが出来ます。自分でも未来のロボットの、ＡＩロボットの感情が全部分かるのです。なぜかというと　過去の延長線上だからです。

心さえ歪んでなければ

運命とは、自己と自己を生み出したものだけを仰ぎ、それを信ずるということに尽きます。それが運命にとって重要だということです。昔の言葉で言う、天を仰ぎ、地を愛する心を持ち、死ぬまで突進を続ける覚悟が最も大切だということです。間違っても失敗しても決して挫けずにただただ突き進む。それによって運命は、益々活力を得る。さっき言った、失敗とか蔑みとか、そういうものがあればあるほど運命というのは力を増す。私は反対者が出て来たり、最初から蔑まれたり失敗すると、嬉しくて仕方がないのです。若いときはまだ力はないですが、年を重ねるごとに自分の運命にどんどん力が付くのが分かります。運命はエネルギーだからです。

エネルギーというのは、作用と反作用です。その法則で動いているのです。だから嫌なことがあっても気にしないのです。自分の運命を大きくするためのものだと思っているからです。どんなに間違っても宇宙の分霊である自己の運命は、必ず自分の生命を最も正しいものにしてくれると信ずる心が重要です。垂直とは、参考にするものは神と先祖と歴史上の人々の魂しかないのです。それらとただ独りで向き合い続けることが大切です。これは一般には、現在では読書しかない。だからもちろん読書を死ぬほどしなければ駄目です。読書を死ぬまで死ぬほどしなければ、とにかく運命が喜んでくれないのです。

私が人に自慢できるのは、特に読書です。読書は死ぬほどやってきました。今日もやっているし、明日もやるし、昨日もやっているし、小学校の頃から今日まで、医者から死の宣告を受けた日も死ぬまで読もうと思って読んでいました。それで私はめくらになって目が三週間見えなくなったことがあるのですが、それほどに読みました。そのくらい埋没しないと駄目です。私の最初の思春期の武士道というのは読書で、私は凄く好奇心が強くて、知識を得て、得て、得続けて、知識欲のために読書で死のうと思っていました。死ぬまで読もうと思って読んでいたのです。それでも死ななかったのですから、そうは死ねないのです。

魂の深奥を求めて人間の生を描き続けたドストエフスキーは、その『罪と罰』において、苦悩する青年達を代表して、ラズーミヒンという人物に次のように言わせている。「どんなにでたらめをやっても、心さえ歪んでいなければ、最後には必ず正しい道に到達すると私は思っている」。これをラズーミヒンという青年が言っているんですが、私は若い頃にこの言葉をすごく好きになった。苦悩する青春の代表的な言葉だと私は思っています。これが垂直の言葉で、この「心さえ歪んでいなければ」というのが、すごく重要な言葉なのですが、これが私はずっと分からなくて、好きになってから六十年以上考えているのです。この「心さえ歪んでいなければ」とラズーミヒンみたいな革命の青年の言っているこの歪みというのは、水平の世界のことなのです。人に認められたいとか、人が何をやっているのかとか、人に評価を受けたいとか、そういうことがラズーミヒンという青年の言っている心の歪みなのです。それさえなければ絶対に自分は正しいところにいくのだというのが、ラスコリニコフという人とラズーミヒンという、革命に向かうロシアの大学生が話している会話なのです。私もそう思います。

これが、革命に向かう暗黒の時代に話された言葉で、私が青春期に最も感動した言葉の一つです。この言葉は文芸評論家の桶谷秀昭*さんという有名な人も一番好きだというのを書いていて、何かすごい運命というか、親近感を持ったという経験があるのです。運命を燃やすことが最も大切で、運命は必ず自己固有の素晴らしく美しい人生を生み出す。そう信じることが重要なのです。この自己固有の人生が、たとえ不幸であってもそれは素晴らしい人生だということを自分が覚悟していかなければならない。不幸であっても良いと思わなければ駄目だということです。何度も言いますが、今の人は一番ここが苦手なのです。今の人は不幸になりたくないので、自分の人生を生きられないのです。ここだけを確認してもらいたい。

革命も過去に向かっている

運命を生きるとは、自己の本当の生命を慈しむことに尽きるのです。体当たりと突進によって、自己の運命に活力を与えることが重要なのです。これには現代では読書しかない。読書も体当たりの一つです。体当たりということは、利益を考えてはならないということです。だから読書をするときに読書をして何かを得たいと思ったら、それは活字を見るだけで読書ではないのです。本を書いた人間の魂と触れ合おうと思って、触れ合ったことが悪くてもいいと思わなければ駄目なのです。書いた人の魂と触れ合うために読むのが読書だということです。その結果が悪くてもいいと思わなければ読書にならないということを言っている。割と今は安全志向が強いので、読書から悪い影響を受けたら困ると思い、皆が文学を読めなくなっています。文学を読むと、やはり魂が荒《すさ》む場合もあります。

私も青春時代は文学青年で、友達なども文学論でいろいろ悩んだり、グレたりした人間もたくさんいました。やはりそれは人間である限り仕方がない。本人が道を間違えようが何しようが、その中から本人が自分の力で自分の道を見つける以外に人生はないのです。親も兄弟も助けることは出来ない。現代の一番の間違いは、親とか兄弟が子どもを助けることが出来ると思っていることです。これが私は現代人の一番の傲慢だと思っています。親心というのは昔は子どもの健康と幸福を祈って苦しんで心配するということを言ったのです。皆、親心という言葉を忘れてしまっています。子どもを持つ苦しみというのは、親の言うことなんて昔から子どもには通じない。ただ子どもの幸せを祈って毎日心配して仏壇に手を合わせているのを親心というのです。それが愛なのです。今の親は逆です。子どもを助けることが出来ると思っている。私から言わせれば、傲慢なのです。人間は誰も助けられない。子どもも女房も、親も、生命、運命は全員が別なのです。運命に関してはすべての人がそれぞれに宇宙の根源、つまり神と結び付いているのです。一人ひとりがそうです。それを自分の力で摑み取って下さいという話なのです。これはもちろん、私も手伝えません。自分で泣いて、しくじって、摑むしかないのです。

不幸を受け入れる覚悟がそれを創るのです。そしてそのような生き方によって、自分だけの死を迎えることが出来る。今私が言っているような生き方をすると、私が小さい頃の年寄りも皆、死ぬときは、「ああ、やっとお迎えが来てくれた」と言っていました。これで親の元にいけると。私が子どもの頃は、まだ戦死した人と知り合いだった人も多かったので、「これで若いときに戦友だったあいつに会える」とかそういうことを口にすることが多かった。運命に生きると自分の死を堂々と迎えることが出来るのです。

運命に生きた私が好きな詩人で、フェデリコ・ガルシア・ロルカ*というスペインの詩人がいます。この人の詩の中から私は大好きな言葉を挙げたいのです。ロルカは「私は、私の死を死にたいのだ」と言ったのです。この言葉が詩にあるのですが、私は本当に感動しました。この人はスペイン内戦のときにスペインの民主主義の革命のために生きて、フランコ政権に捕まって銃殺されたのですが、その人が最後に言っていた言葉です。「私は私の死を死にたい」と、これが運命に生きた人の言葉だと私は思っています。

このロルカの言葉というのは、多勢の中の一人として生き、一人として死ぬのではなく、自分だけの死を死ぬということです。特に今は病院で死ぬようになったので、死までが一般論になってしまった。とにかく運命に生きるということは、自分だけの人生を生きて、自分だけの死を迎えるということなのです。それに善し悪しはない。不幸でも貧乏でも何でも良いということです。自分独自の生、自分独自の死です。私ももちろん、そのつもりで生きています。今日のこの講演においても、そういうつもりで私は全力で体当たりしているのです。それでは、これで終わります。ありがとうございました。

質疑応答

欲望で良い、しかし間違っている

——私は大学生です。執行先生の著書を知人から紹介され、読んでいます。それで是非執行先生にお聞きしたいのですが、私は他者に負けたくなくて、これまで勉強を頑張ってそれなりの大学に入りました。今でもこの人には負けたくないとか、友達よりも名の知れた企業にいきたいという気持が、自分の中でのエネルギーになっているように感じています。こういった他者への劣等感とか、成功への渇望というものをエネルギーとして使うことは間違っているのでしょうか。

執行　これは、まず根本としては間違っています。ただし、今はそれしかないのだから、それで大いに良いのです。しかし失敗するときが必ず来る。そのときは、散々失敗して、しくじらなければならない。欲望から始まるのは人間としては当然なのですが、欲望というのは必ずしくじっていくものなのです。それを人間は全部受け止めなければならない。多分あなたも、本当に体当たりしていけば、必ず自分の運命というものに目覚めていきます。目覚める人間というのは、そうやって体当たりで向かって失敗し、傷つきながら目覚めていくものなのです。
このまま体当たりを続けて下さい。一つだけあなたに言いたいのは、欲望が良いとか悪いとかと損得を考えようとする点です。その考えは、受験競争などで培った間違いなのです。学校の先生たちから受けた現代の洗脳であり、何でも損得を考えるという合理主義の呪いです。そこが展開すると、欲望が肯定されてしまうのです。私は運よく立教に入り、エスカレーター式に小学校から大学まで出してもらえました。だから受験もしていませんし、合理主義の洗脳はありませんでした。しかし今の日本の受験制度は、競争意識が悪い意味で入ってしまう場合も多いのです。そのままでいくと、欲望がまるで良いことのように感じていく人も多い。だから正しい人間の成長過程に入るには、ただ体当たりするしかありません。体当たりが本物なら、自分が傷つき苦しむことで必ず抜けられます。そのためにも今のエネルギーで、体当たりするしかありません。

――分かりました。ではこのエネルギーを上手く使って、体当たりしていこうと思います。

執行　そういうことなのですが、欲望が間違いだということは分かっていて下さい。それが良いことだと思ってはいけません。欲望は基本的には駄目なので、その欲望から抜けようと考えるのが、本来の人生論なのです。しかし現代人は、欲望礼賛の世の中で分からなくなっています。私が言っていることは、明治時代までなら誰でも言っていることです。始まりは皆、欲望で頑張っていいのです。ただし、欲望のまま終わったらつまらない人間なのです。いつか抜けなければならない。あなたは抜けられます。欲望でいいのかと疑問を持っている人は、必ず抜けます。抜けない人は、疑問がない。そのまま「自分は正しい」と思って道を外していくのです。だからあなたは必ず抜けます。だから今は、欲望丸出しでガンガンぶつかったほうがいい。そうして世の中から弾き飛ばされたほうが良い。それが重要なのです。

——執行先生ありがとうございました。今は欲望丸出しでガンガンいって、そしてしくじることが大事だということですね。

執行　その通りです。そして疑問を持ち続けるということです。とにかく人生というのは、疑問がなくなったら終わりです。今の社会問題は若い人だけではなく、中年も老人も全員、疑問を持っていないのです。だから皆が善人で、自分は正しいと思っていて疑問がない。私が皆に読書を勧めている理由は、読書というものが「問い」を探すためのものだからです。読書は、人間というのは何が重要なのか、社会というのは何が重要なのか、生きるとは何か、そういう「問い」を得るためのものです。「問い」を見出すために本を読むのです。悩むために読むということ。これが読書の根本です。こういう読書を今は誰もしません。皆が答えを求めて本を読むので、ハウツー本ばかりになってしまったのです。ハウツー本は、本ではありません。本と呼ばれるものは、問いを見出すためのものなのです。

昔は皆、文学から問いを見出しました。これは常識だったのですが、今は誰もそういうことを言いません。だから効率社会というか、合理主義者しかいないのです。私が言っているような、若いときにたくさんしくじって、そうやって自分の全霊で覚えていくやり方が普通だった。しかし今は親が子どもになるべく失敗をさせないようにしています。最初から得を取らせようとするのです。学校でも同じです。効率よく、合理的になるように教えている。

私は小学生のときから哲学書なども読みましたが、それは分かろうと思っていないためです。だから読めるのです。そして読んでいく中で、問いを得ていくのです。例えばフランスの実存主義の哲学者アルベール・カミュ*という人物がいます。カミュの著作を読んで、カミュが何を我々に問いかけているのか。それが掴めたら、カミュの本を読んだ価値があるのです。そこから、自分で一生をかけて考えるのです。考える材料が多いほど、人生は楽しくなります。私も今は七十二歳ですが、小学校の頃に覚えた禅の言葉を考え続けています。そしてあるとき、自分なりに何か掴めたという経験が今でもあるのです。文学ももちろん当然です。

魂は過去にある

――私の祖父は戦時中パラオで衛生兵でした。そこで捕虜になるくらいだったら自害するつもりで、常に毒を持っていたという話を生前に聞いていました。ある方の講座でその話をした後、その方があちこちで自分の話として語っているのを知り驚きました。私が最も尊敬する祖父のことですので、とても汚されたように感じ、抗議にいこうとも思いましたが母に止められ、今日まで何も出来ずにいます。執行先生に助言でも叱責でも構いませんので、何か頂ければと思うのですが。

執行　あなたは他人の評価などを気にし過ぎています。あなたがお祖父様のことを尊敬している心は確実にあるのです。そしてそれは非常に尊いものです。だから他人などは全く関係ありません。あなたの尊い心に、他人の卑しさを関係させてしまっていることが間違いなのです。自分にとって大切な人が、他人全員に理解されると思ってはいけません。極端に言えば、あなたのお祖父様のことを大嫌いな人もいて、ものすごく悪く言う人もいるのです。利用しようとする人間もいて当然です。それでも自分はお祖父様を好きなら、その好きだという心が本物だということです。あなただけの真実なのです。あなたが悩んでいるのは、今のマスメディア的なすべての他人に分かってほしい、良く思ってほしいという、そういう誤解を持っている。

他人は分からないのです。自分が信じるものを信じるのが人生です。ただ、信じたものを他人も信じてくれるか、共感してくれるかどうかは別問題です。他人も信じてほしいと思った瞬間に、水平になってしまう。だから、自分が信じるものは人から間違いだ、馬鹿だと言われようが、信じていくことです。あなたの信じたことは、誰にも奪えません。汚されもしないし、壊されることもありません。あなたがお祖父様のことを尊敬しているのは、あなたの一番いい所なんでしょうから、ますます信じていったほうがいいと思います。

——私は執行先生のご本をすべて読ませて頂きました。そこで質問なのですが、運命についてです。執行先生は同時代人には一人も同じ運命はないと仰っていますが、本日は過去と未来には自分の運命、もしくは自分の魂に近いものがあると仰っていました。これは生まれ変わりということなのか、それとも魂の分霊という考え方なのか、そういうお話を詳しく伺えないでしょうか。

執行　そこにいくと話が広がり過ぎてしまいます。魂の話に限定して話しますが、魂というのは地球上に遍満し、宇宙に遍満している力なのです。個別の何かではありません。私は今、自分の魂を持っています。ということは、私が完全に摑んだ魂というのは、この世で私しかいないのです。これが唯一無二ということです。ところが、実は私が摑んだ魂と同じものが地球上にもあるし、宇宙にもあるのです。過去にその同じものを摑んだ人がいるし、未来にも多分いるだろうということをお話ししました。

例えば、ベートーヴェン*という有名な音楽家がいます。それで、ベートーヴェンの音楽というのは、実はベートーヴェン自身が曲を作ったのではないのです。あの時代に、あの音楽を作らなければならない魂が宇宙にあったのです。その魂を、ルートヴィッヒ・ヴァン・ベートーヴェンという人間が自己固有のものとして摑んだということです。だから数々のベートーヴェンの音楽がこの世に出たのです。今あの曲と同じものを作っても、全く名曲ではありません。それは時代が求めていないからです。あの時代はナポレオンの時代です。皆が信仰の苦しさの中から、自由に向かって魂が弾けようとしている時代です。その弾けることを手伝うのが、ベートーヴェンの音楽だったのです。あの時代の魂です。ベートーヴェンと同じ魂は今もあります。それを誰かが摑めば、現代のベートーヴェンになるでしょう。ところが現代のベートーヴェンが作る曲はまるで違うものになります。それでも、それはベートーヴェンの魂と同じものなのです。ベートーヴェンの真似が、ベートーヴェンではありません。真似をしようとする者は物質主義者です。ベートーヴェンにあの音楽を作らせた魂を摑まなければなりません。

その魂は、現世では必ず一人しかいないということを、さっき言ったのです。摑んだ人間が死ぬと、その魂はまた天空に還っていきます。そうするとその魂はまた誰かが、摑むこともある。特にその人のことを尊敬する人は、摑もうと思えば摑めるのです。ただし、摑んでもその人と同じになるわけではありません。例えば、楠木正成を楠木正成として生かしめていた魂があります。それを摑んだとしても、今の時代にまさか鎧を着て斬り合いをするわけではありません。ただ、魂というのは垂直で、魂が運命を司っていることは確かです。誰かが摑んだら、楠木正成の運命が来るのです。だから、現世に共感者を求める人が大抵人生を失なっていくのは、自分が摑んだ魂と同じ魂がないからです。いくら探しても無駄です。本当に同じ魂は、過去にあるのです。未来にもありますが、未来は文献に出ていないので、分からないだけです。皆さんが摑むべきは過去の魂です。読書を通じて、過去の魂と親和力を持たなければいけません。

極意を摑む

——私は親孝行をしたいと思い、司法書士をしている親の事業を引き継ぎ、私で四代目になります。このまま頑張っていこうと思うのですが、執行先生に親孝行についてもう少し詳しく伺えればと思います。

執行 私の親孝行論というのは、まず親に喜んでもらうとか、そういうことは全く関係ないと思っています。人の親になればある程度は分かるかもしれませんが、親が子どもに願うことは、子どもの幸福です。つまり、子どもが生きがいを持って生きてほしいということです。だから私は父親に死ぬまで勘当されていましたが、自分は親孝行を尽くしたと思っているのです。父親に好かれようとしたら、私は死ぬのです。私という存在が私ではなくなってしまう。だから私は私のエネルギーを生かす生き方をした。それが私は親孝行だと思っています。自分が力いっぱい生きて、自分が信じる人生で、信じたまま自分の死を堂々と迎えられるような人生を生きることが、私は最大の親孝行だと思うのです。それを親がどうしても駄目だと言うのなら、仕方ありません。親と縁を切るしかない。親と縁を切ることも親孝行だと思って下さい。

私は魂論者なので、親と上手くやっていこうとか、そういう気は全くありません。私は愛についてもずっと考えている人間ですが、どんなに愛する女性でも、私の人生観を一つも曲げる気はないのです。死ぬほど愛していても、私は『葉隠』で生きて、それを曲げる気はない。分からないなら、別れるのか出ていくしかない。でも私はそういうものを愛情だと思っているということです。そこで妥協するのなら、本当の愛は分からない。それは先ほどウナムーノの言葉で紹介した、「苦悩を捨てて、たやすい幸福を得る」ということです。それが、マスメディアが作ろうとしている大衆というものです。

――私の母方の祖先が水戸藩の家令*であったそうです。その縁もあって現在、剣道五段でございます。執行先生も若い頃に間合いであるとか、先《せん》の先《せん》、後《ご》の先《せん》といった剣術の独特の世界観を摑まれたと書かれています。先生はどのようにそういった極意を会得されたのでしょうか。

執行　まず言っておくのは、語ることが出来ないから極意なのです。語ったらハウツーだということになってしまう。ただ私は、体当たりの人生を送ってきた人間です。私は弓も好きでずっとやっていましたが、阿波研造*という弓道の神様と言われていた人の本を死ぬほど読んでいました。私は庭で毎日弓の稽古をしていたのですが、ある日阿波研造が言うように、的が目の前いっぱいに広がってくるという禅的体験をしたのです。その日から的を外したことは一回もありません。三十六メートル先の煙草の箱を的にしていたのです。その的を外したことは一回もない。正確には、煙草の的を外さないのではないのです。煙草の的が目の前に来るのです。これがある種の悟りか、極意ということだと思います。これは自分で会得するしかない。

弓の極意は、阿波研造の本に全部書いてあります。だから本の中に自分の魂を突入させれば、必ず分かるようになります。剣については、例えば宮本武蔵の『五輪書』です。『五輪書』に極意はすべて書いてある。ただし、宮本武蔵というのは宮本武蔵だから、宮本武蔵の真似をいくらしても駄目なのです。『五輪書』には、宮本武蔵が自分の剣を会得した記録が書いてあるのです。だから『五輪書』を書いた宮本武蔵の魂と、自分が同一の人生を歩まなければならないということです。これは、『五輪書』を深く読み込めば歩めます。私も若い頃は読み込んで摑むまで時間がかかりましたが、四十代、五十代になってからは早くなりました。例えばサン・ファン・デ・ラ・クルスの言葉を先ほど挙げましたが、ああいう言葉に出会うと、サン・ファン・デ・ラ・クルスがあの言葉を書いたときの情景や、心情がすべて浮かんで来ます。そのくらいにまでなれるということです。本を読み込んでいくと、何でも分かるようになるのです。

私はジョン・ミルトンという英国のピューリタン革命の詩人を敬愛しています。そのミルトンの『失楽園』をずっと愛読しているのです。ミルトンは、ピューリタン革命をクロムウェルと共に戦って負けたのです。そして、ピューリタンの魂を後世に残すために『失楽園』を書いた。ミルトンは狂信的なキリスト教徒で、キリスト教信仰だけで生きていた人間です。しかし、その詩に書いてあることは、今の現代物理学で解明した宇宙の神秘、ダークエネルギーとかダークマターなどが、どういうものなのかがすべて描かれているのです。つまり、『聖書』も本当に深く読み込んでいくと、宇宙の神秘や宇宙エネルギーのことが全部分かるようになるということなのです。私はジョン・ミルトンは最先端の現代物理学が扱う領域にまで達していたということを、ミルトンの本を読んで分かるのです。ちなみに私が『失楽園』を読んだときには、ミルトンが口述した部屋の調度品まで全部出てきます。ミルトンは全盲になってから『失楽園』を書いたのですが、娘が口述筆記したそうです。その娘の顔から着ていた服まで出て来るのです。私は、そのくらい言葉というのは書いた人の魂が込められているということを言いたいのです。読み込めば、そこまでいくのです。何でもそうです。是非やってほしいと思います。ただし、あなたが誰かに教えてもらおうと思っている限りは何もなりません。剣道が十段になっても剣術の極意は一つも分かりません。教えてもらおうと思えば駄目、自分で会得しようと思えば出来るのです。

体当たりがすべて

――体当たりについて伺いたいのですが、執行先生のお話を聴いて一生懸命に仕事をするという解釈をしました。しかし今実際に私には運命を生きているという実感がないので、仕事も一生懸命にやっていないということでしょうか。

執行　そういうことになります。仕事に本当にぶつかれば、必ず運命が分かってきます。多分あなたの悩みというのは、現代人に多い悩みです。それは、他人に分かってもらいたいと思っているということです。今勤めている会社が自分に合っていないのではないか、苦手な同僚がいる、自分のことを分かってくれない上司がいる、そういうことです。そういうことを考えているうちは全然駄目です。実際に、入った会社がどんなに下らなくても関係ありません。給料をもらっているのだから、一生懸命に働いて当たり前です。死に物狂いで仕事にぶつからなければいけません。会社が突然潰れてもいいのです。あなたの人生は、死に物狂いで仕事にぶつかればそれで完結です。そして私は、そうすれば必ず自分独自の運命が拓いてくるという話をしているのです。あなたは周りの人とか、会社の評価を気にしているだけなのです。私が言っている水平ということです。

——昨今のさまざまな事件を見ていて、私は日本民族というのはこの先どうなるのかと不安になってきます。危機感といいますか、いてもたってもいられないような、そういう気持になるのです。この点について執行先生はどう思われますか。

執行　まず、危機感を持つということは、体当たりをしていないからだと思います。危機感というのは、一つの評論です。民族などという大きな規模は、どうなるか分かるわけがありません。ただ、確実に言えるのは、いつか消滅するということです。これは宇宙の摂理ですから仕方がありません。だからそんなことは考えなくてもいい、どうでもいい問題なのです。どうにもならない問題を考えようとするのは、評論であり、遊びの一種です。だから皆好き勝手にいろいろなことを言っています。そうではなくて、考えるべきは、自分がどう生き、どう死ぬかだけです。

だから自分が民族の良い所を摑んで、自分が体当たりをして生きて死ねばいいのです。ただ、日本民族の良い所をあなたが摑んでいくら体当たりをしても、多勢の人間が同じことをしても、そのうち日本は消滅します。これは仕方がないのです。宇宙はすべてそうですから。だから消滅することは考える必要はありません。ただただ自分が体当たりで生きて死ぬということです。

宗教は終わっている

――執行先生はご本の中で、宗教が廃れていくと書かれていました。それで最近、執行先生が監訳して出版されたウナムーノの『ベラスケスのキリスト』を読んでものすごく感動しました。私はあの本によって再び宗教が甦るのではないかと感じたのですが、いかがでしょうか。

執行　それはありません。もう宗教が甦ることはない。懐古趣味とかレトロとかが今は流行っていますが、懐かしむ気持は分かるのです。「うさぎ追いしかの山」という歌がありますが、いくら懐かしんでも日本のあの里山と農村は、もう戻らないのです。昔あったのは確かですが、喪われたことも確かなのです。宗教ももう戻りません。私が『ベラスケスのキリスト』を訳してわざわざ出したのは、人類にとって最も尊かった宗教の気持を現代でも引き継ぐ志のある人がいれば、という気持なのです。そういう人がいれば、その人だけは神と直結した人生を送れるのです。

そしていつかは宗教はすべて滅びます。それは決まっていることなのです。もしも滅びるのが嫌だなどと言っていても、そのうち地球もなくなるのです。その前に人類が滅びます。そんなことは決まっていることです。

私が言いたいのは、将来のことなど考えても仕方がないということなのです。だから今、自分が与えられた使命に体当たりをして、本当に素晴らしい運命を自分が味わいなさい、というのが私の意見です。味わった後に地球が消滅するかもしれません。地球が消滅するのも物理学的に分かっていることです。皆さん静まり返りましたが、そういうところが現代人の弱みなのです。現代人は、まるでオカルトです。ありもしないものに縋《すが》りたがっている。滅びることが全部分かった上で、自分の運命に体当たりをしなさいというのが私の意見です。だから運命に体当たりをするというのは、実は非常に科学的な生き方なのです。それが与えられた人生を最もよく使う生き方になるということです。右か左かと分からない将来のことを考えているのは、最も下らない人生です。何のために生まれたのか分からない。長い目で見れば地球もなくなるのです。人類などはもっとずっと以前に滅びます。そういうこととは関係なく、日本民族は素晴らしい文化を築いたのです。その築いた素晴らしい文化を引き継げば、自分の人生は素晴らしい人生になるという話をしているだけです。

『ベラスケスのキリスト』を訳した理由は、ウナムーノという人物がキリスト教文明が生み出した最も崇高な魂の一人だと私が思っているからです。それほどの人物が、キリストについて全精力を使って書いた詩だから、読めば絶対に魂のためになる人間がいると私は信じたのです。そう思って、わざわざ監訳しました。運命に生きられない人の特徴というのは、将来のことを考えようとし、また自分を分かってもらいたいとばかり考えています。人間は、ただ体当たりをすればいいのです。滅びるのは決定事項ですが、そんなことを気にする必要はありません。

癒しはいらない

――私も読書は大好きなのですが、執行先生はどのように本を読まれているのかお聞きしたく思います。線を引くのか、ノートに書いたり、図にしたり、何かありましたら教えて頂けますか。

執行　そういう物理的な読み方のことでしたら、私は特別なことはありません。強いて言えば常に読んでいるということだけです。いつでもいろいろな本を並行して読んでいますし、特別に本を読む時間を決めたり部屋に閉じこもるというようなことはありません。学生くらいまでは時間がありましたから、部屋にこもって集中して読む、ということはありました。

――以前に、執行先生が小林一三*の本を読まれたというお話を聞きました。なぜ興味を持たれたのか伺いたいのですが。

執行　なぜというほどのことはありません。小林一三は日本最大の大物の一人ですから、誰でも興味を持つ人物だと思います。松下幸之助や、出光佐三*などと同じで、一般にいう大人物です。だから私も興味を持って読んだだけです。

――執行先生は著書の中で「相田みつを」*は好きではないと書かれていたと思います。私は大好きなのですが、どうして執行先生はお嫌いなのでしょうか。

執行 それは本にも書いてありますが、相田みつをが流行るということは、赦しの到来なのです。私は赦しが社会の上に来たら、文明の滅びる時だという話をしているのです。相田みつをは直接は関係ない。極端にいうと、やはり人生というのは欲望から始まって、欲望に体当たりをして弾き飛ばされて悩み、そうやって徐々に心を作っていくのです。相田みつをも、本人はそうだったと思います。あの人も挫折をして、そこから開き直って書いた詩が当たったのです。

坂村真民*もそうです。あの人も教育改革などを目指し教員生活を送っていましたが、田舎を転々としてスローライフを送りつつ、文学が好きだったので詩を書いてみたら、それが癒しだと評判になったという。私が書いていることは、ああいう赦しや癒しというものを若いときから好きで、皆が読んでいる社会なんて、ゴミじゃないかという話なのです。相田みつをと坂村真民そのものは関係ないのです。あの人たちは自分で努力して負けた人間たちだというだけです。

もちろん別に負けたことをけなしているわけではありません。私はあれが、老人の呟きだと言っているのです。相田みつをが書いていることや、坂村真民が書いていることは、私が小さい頃に近所のお年寄りが言っていたことなのです。「そんなことで頑張ったって仕方がないよ」と。

「人生、生きていればそれでいいんだ」と。「お天道様が東から昇って、今日も一日生きて、ありがたいねえ」と。これは全部呟きなのです。これを詩だとか、人生論だとか言っていることに対して、私は断じてそうではないと言っているだけです。人生論とは、どう苦しみに突入して、どう自分が生きて、どう挫折を乗り越えるかの話ですから。駄目で良いだなんて、受験する前から言う人間はいません。

私に言わせれば、相田みつをや坂村真民が好きな人は、実は自分が好かれたいと思っているのです。あれが好きなら、優しい人間に見えますから。ただ、私がそう言うと必ず相田みつをと坂村真民が嫌いなのかと言われるのですが、嫌いではない。あの人たち自身のことは、私は立派な人だと思っています。私はあれが流行っている世の中のことを言っているのです。赦しが最初に来てしまうなんて、とんでもないことです。キリスト教も今ではそうなっています。だから今のキリスト教には何の価値もありません。キリストが、あの愛と赦しを訴えた時代がどういう時代か、今の人間は分からないのです。奴隷が売買され、子どもを十人産んでも、育つのは一人しかいないのです。そういう過酷な時代に、キリストが命の大切さと人に対する優しさを言っているのです。だから価値があった。病気にかかれば、皆から石を投げられて追い出されたのです。中世まではそうでした。そのときに、聖フランシスコ*などはライ病人を抱きしめて庇っていた。それが愛なのです。でも、今の時代にライ病が滅多にうつらないことが分かってから抱きしめても、それは己のためです。愛ではありません。本人が良い人として好かれたいだけです。

私が最も尊敬している神父ダミアン*という人は、ライ病がひどい伝染病だった時代に、患者が隔離されていたモロカイ島に行って、ライ病患者の世話をして、自分も感染して四十九歳で死んでいます。そういう人が本当に立派な人物です。要は本当に自分の命を愛に捧げている人なのです。相田みつをや坂村真民、あんなものを若いときに読んだら、もうその人は駄目です。あれは老人の死を前にした呟きですから。人生でやることがほとんどなくなった老人たちが、「皆、出世したいだなんだといろんなことを言っているけど、馬鹿馬鹿しい話だ」と。「出世だけが人生じゃないよ」と。それは確かにそうです。しかし、まずあくせくすることから始めるのが人間なのです。欲に目が眩んでがりがりと出世を目指し、そこからどう解脱するのかが人生論なのです。

――まだまだたくさんの質問があると思いますが、最後に先生から何か一言お願い致します。

執行　質問の内容を聞いていると、皆さんは周りのことを考えすぎています。運命を生かすのと、自分の人生をぶち抜くためには、周りは考えないことです。今日を契機に、その辺の塩梅というか兼ね合いを考えたほうがいい。やはり出来ない人は、皆周りのことを考えすぎています。よく解釈すれば優しさということなのでしょうが、その優しさというのは運命の敵だと思って下さい。運命というのは、苛酷なものです。私は死ぬほど親孝行でも、父親には勘当されていました。仕方がないのです。父親に好かれようと思ったら、私の人生は総崩れです。父親は「『葉隠』なんて言ってる奴は時代錯誤の馬鹿だ」と言っていました。しかし何と言われようと仕方がありません。そういうことです。

『人間の運命』後記

ここに掲げられたのは、四篇に及ぶ私の講演とその質疑応答である。本書は特に人間の運命に係《かかわ》るものを選んだ。

それぞれに経緯を述べれば、第一篇「真の人間とは何か」は、九州大学名誉教授の井口潔先生が主催するＮＰＯ法人「ヒトの教育の会」の依頼により、九州大学医学部百年講堂で行なった講演である。井口先生は九十七歳の年齢をものともせず、日本の将来のために人材育成に励んでおられた。私の著書を好んで下さり、その縁によって呼ばれたのだ。

その先生も二〇二一年九月五日に九十九歳をもって他界された。この講演録はその霊魂に捧げるものとなってしまった。紙面を借りて、御冥福を御祈り申し上げる。現実の講演の時は、先生も元気で、最前列で私を直視されていたので、足を震わせながら話していたのも、良い思い出となった。私はこの講演録を、先生の魂が見守って下さっていると信じ、ここに掲げているのだ。

次に第二篇「運命と骨力」は、松下政経塾塾頭の金子一也氏の依頼で、政経塾の学生のために行なわれた講義となっている。政経塾では何度か講義をしているが、この講義は日本国のために立ち上がろうとする若者たちの魂に、揺るぎない柱を立てる参考となればという気持で、必死の講義をしたつもりである。自分の志を立てようとする人たちの一助となれば本望だと思っている。

また第三篇の「人間の感化力について」は、イエローハット創業者・鍵山秀三郎先生が主催する鍵山教師塾の依頼により、東京の靖國神社で行なった講演となる。鍵山先生は、私の著書『「憧れ」の思想』を「自分の人生で出会った、最高の書物」と絶賛して下さったことがあった。今回は、その恩義に報いるため、全身全霊で講演をしたつもりだ。講演のときは、感化力について、現存する最大の人としての鍵山先生の姿を思い浮かべながら行なったのである。読む人にその心が伝われば嬉しい。

最後の第四篇「運命に生きる」は、大阪の「人間学塾・中之島」の中川千都子様の依頼により、大阪大学中之島センターにおいて行なわれた講演となっている。「人間学塾・中之島」は、人間教育では最も名高い塾の一つなので、そこに招かれたことを私は大いに誇りにしているのだ。この塾はあの有名な森信三先生の衣鉢《いはつ》を継ぐことでも知られ、森先生の著作の愛読者たる私としては、本当に嬉しかった。

やはり集まっている方々も、人間としての生き方を求め、そして日本国の将来を思う方々ばかりだったので、実に楽しい講演を行なった。その楽しさもまた読む人々に伝われば、これに越したことはない。

これらの四篇は、それぞれ私にとっては貴重であり思い出深いものとなった。それらが一冊の本となったことを本当に嬉しく思っている。この紙面を借りて、それぞれの講演で御世話になった方々には、篤く御礼を申し上げさせていただきたい。

最後に、この企画を考えまた慎重に実行して下さった株式会社実業之日本社と編集をすべて確実に行なって下さった大串喜子様にここで感謝の心を伝えさせていただきたいと思っている。

令和五年七月吉日

執行草舟

【編集部註】

本書は左記に開催された著者の講演内容をベースに加筆修正し、講演録として再編集しました。

なお、本書内に掲載している著者の年齢等は初版刊行時に合わせています。

〈本書収録講演〉

第一篇　「真の人間とは何か」（２０１９年４月21日開催　主催／ＮＰＯ法人「ヒトの教育の会」）

第二篇　「運命と骨力」（２０１９年４月10日開催　主催／公益財団法人 松下政経塾）

第三篇　「人間の感化力について」（２０１９年３月31日開催　主催／認定ＮＰＯ法人 日本を美しくする会・鍵山教師塾）

第四篇　「運命に生きる」（２０１９年10月19日開催　主催／人間学塾・中之島）

巻末資料

葉隠十戒

第一戒　武士道といふは、死ぬ事と見附けたり。

第二戒　二つ二つの場にて、早く死ぬほうに片付くばかりなり。

第三戒　図に当たらぬは犬死などといふ事は、上方風《かみがたふう》の打ち上《あが》りたる武道なるべし。

第四戒　毎朝《まいちょう》毎夕《まいゆう》、改めては死に改めては死ぬ。

著者小学五年生のときに思想、生き方、死生観などすべてに渡る公理として大著『葉隠』の思想から十の言葉を選び「十戒」として纏めたもの。その後の著者の思想的展開の原点となっている。

第五戒　恋の至極《しごく》は、忍ぶ恋と見立て申し候。

第六戒　一生忍んで、思ひ死にする事こそ恋の本意なれ。

第七戒　本気にては大業《たいぎょう》はならず、気違《きちが》ひになりて死に狂ひするまでなり。

第八戒　不仕合《ふしあわ》せの時、草臥《くたぶ》るる者は益《やく》に立たざるなり。

第九戒　必死の観念、一日仕切《しき》りなるべし。

第十戒　同じ人間が、誰に劣り申すべきや。

執行草舟　選

注釈

【あ】

相田みつを（あいだ・みつを／1924-1991）……277-279
書家、詩人。栃木県足利市出身。曹洞宗・高福寺の武井哲応に師事し在家のまま仏教を学ぶ。自作の詩を独自の筆法で書き、各地で展覧会を開催。『にんげんだもの』はベストセラーとなった。

麻原彰晃（あさはら・しょうこう／1955-2018）……202、203
オウム真理教の教祖。鍼灸院経営や漢方薬販売などを経て、ヨガ道場を主宰し宗教団体に改組。オウム真理教と改称し、洗脳により教団の勢力を拡大すると共に誘拐、拉致、殺人などの非合法活動を繰り返した。95年地下鉄サリン事件を起こし、逮捕、起訴され刑死した。

アラン（Alain／1868-1951）……31
フランスの哲学者、評論家、モラリスト。本名エミール＝オーギュスト・シャルティエ。哲学の体系化を嫌い、具体的な対象を前にして語り、過去の優れた思想や哲学を書物から紐解き、理性主義的立場から道徳、教育を論じた。『幸福論』『定義集』等。

有賀千代吉（ありが・ちよきち／1896-1987）……152、153、174
立教小学校第3代校長。立教大学商科卒業後、満鉄に入社したのちカナダへ渡る。終戦後、英軍司令部の事務所にて通訳の仕事に従事していたところ、立教大学総長の佐々木順三の招聘を受け、立教小学校設置に尽力。33年校長に就任。以後退職するまで立教小学校のため精力的に活動を行なった。

阿波研造（あわ・けんぞう／1880-1939）……270、271
宮城県石巻市出身。仙台藩雪荷派弓術を学び、旧制第二高等学校・東北帝国大学で多くの弓人を育てた。提唱した「一射絶命」の弓道は、門下のドイツ人哲学者オイリン・ヘリゲル著『弓と禅』等で紹介され、弓道の世界普及への礎となった。

出光佐三（いでみつ・さぞう／1885-1981）……277
出光興産創業者。福岡県宗像郡出身。神戸高等商業学校卒業。同校で水島銕也校長に師事。「士魂商才」の理念を学ぶ。「人間尊重」「大家族主義」などを中心とした独自の経営を実践した。『人間尊重五十年』他多数。多額納税者として貴族院に選出。日本を代表する経営者。

井口潔（いのくち・きよし／1921-2021）……17、18、52−72、158、181、190−213、280
福岡県久留米市出身。九州帝国大学医学部卒業。医学博士、理学博士。九州大学名誉教授。勲二等瑞宝章。日本外科学会名誉会長、日本癌治療学会名誉会長。『人間力を高める脳の育て方・鍛え方』等。

ヴェイユ〈シモーヌ〉（Simone Weil／1909-1943）……83、170、185
フランスのユダヤ系哲学者。高等師範学校で哲学者アランの教えを受ける。教師となるも労働組合の活動を続け執筆。工場労働やスペイン内戦参戦。若くして病没。戦後、ノートを託していた知人が編集した箴言集『重力と恩寵』が出版され、ベストセラーとなった。

ウナムーノ〈ミゲール・デ〉（Miguel de Unamuno／1864-1936）……25、28、39、237、238、270、274、275
スペインを代表する哲学者、詩人。魂の不滅性を説いて思想界に強い影響を与えた。九八年世代と呼ばれるスペインの憂国思想、国、国民のあり方を根底から問うた、実存主義的な哲学を打ち立てた。代表作に『生の悲劇的感情』、小説『霧』、神秘詩集『ベラスケスのキリスト』など。

エリオット〈トーマス・スターンズ〉（Thomas Stearns Eliot／1888-1965）……45
イギリスの詩人、批評家、劇作家。ハーバード大学卒業後、パリへ留学。ベルクソンの影響を受ける。長詩『荒地』や詩劇『寺院の殺人』によって20世紀前半の英語圏で最も重要な詩人の1人と評される。48年にノーベル文学賞を受賞。

王羲之（おう・ぎし／303-361）……115
中国東晋の政治家、書家。代表作は『蘭亭序』で王献之とともに書聖と称される。書体の各体を極めたその書は、日本でも奈良時代から手本とされている。

王献之（おう・けんし／344-388）……115
中国、東晋の書家。王羲之の第7子。行・草書の大家で、父とともに二王と称される。代表作に『廿九日帖』。

オーウェル〈ジョージ〉（George Orwell／1903-1950）……132
イギリスの作家、ジャーナリスト。現代文明の行く末を予言し、全体主義を風刺、批判した小説を書いた。スペイン内戦では共和国義勇軍として参加した。『一九八四年』『カタロニア讃歌』等。

大伴旅人（おおとものたびと／665-731）……103、145、146
『万葉集』の歌人、公卿。壬申の乱のときの功臣大伴安麻呂の長男。隼人の反乱を鎮圧する指揮。その後、大宰府へ赴任。この頃、作歌を能くす。長屋王の変後、帰京するもほどなく死去。

大伴家持（おおとものやかもち／718頃-785）……103、145、146
奈良時代の歌人、公卿。旅人の子。三十六歌仙の一人。『万葉集』の編纂に関わる。地方・中央の諸官を歴任。名門大伴家の家名挽回のために政争に巻き込まれながらも平安時代に先駆けた和歌を詠んだ。

桶谷秀昭（おけたに・ひであき／1932-）……258
文芸評論家。一橋大学社会学部卒業。紫綬褒章受章。東洋大学文学部教授を務めた。退職後、名誉教授。毎日出版文化賞受賞。『保田與重郎』『昭和精神史』等。

織田信長（おだ・のぶなが／1534-1582）……249
戦国・安土桃山時代の武将。桶狭間の戦で今川義元を討ち尾張一国を統一。足利義昭を奉じて上洛し、のちに義昭を追放。畿内を中心に独自の中央政権を確立し、比叡山焼き討ち等を経て天下人となる。のち中国出陣の途中、京都本能寺で明智光秀の謀反にあって自刃。

お筆先（おふでさき）……132
（天理教、大本教などで）教祖が神のお告げによって書いたという教理の文書を敬っていう。

【か】

柿本人麻呂（かきのもとのひとまろ／660頃-724頃）……103
万葉集の代表的歌人。三十六歌仙の一人。持統・文武両天皇に仕えた。長歌の形式の構成を生み出し、完成するとともに、短歌も数多く残し、後世、歌聖としてあがめられた。口承から文学への転換点において重要な役割を果たした。

鍵山教師塾（かぎやまきょうしじゅく）……151、281
特定非営利活動法人日本を美しくする会・鍵山教師塾のこと。教師・教職員を目指す人、教職関係者たちが、主に掃除の実践を通してイエローハット創業者・鍵山秀三郎氏の生き方と思想に学ぶ団体。

鍵山秀三郎（かぎやま・ひでさぶろう／1933-）……190、281
株式会社イエローハット創業者。創業以来続けている「掃除」に多くの人が共鳴し、「日本を美しくする会」が創設される。現在「日本を美しくする会」相談役。『凡事徹底』『すぐに結果を求めない生き方』等。

カミュ〈アルベール〉（Albert Camus／1913-1960）……265
フランスの作家、小説家、思想家、評論家、ジャーナリスト。第二次大戦中に発表した小説『異邦人』、エッセイ『シーシュポスの神話』などで「不条理」の哲学を打ち出して注目された。若くして事故死。『ペスト』、未完の『最初の人間』等。

家令（かれい）……270
皇族や華族の家の事務・会計を管理し、使用人の監督に当たった人。

カレル〈アレキシス〉（Alexis Carrel／1873-1944）……65
フランスの外科医、解剖学者、生物学者。リヨン大学で解剖と外科手術の教鞭を執る。05年米国へ移住。血管縫合術を完成。臓器移植を研究、組織培養法を確立し、現代の生命観に影響を与えた。12年ノーベル生理学・医学賞受賞。代表的著作に『人間―この未知なるもの』『ルルドへの旅』など。

カント〈イマヌエル〉（Immanuel Kant／1724-1804）……142、143
ドイツの哲学者。近世哲学を代表する最も重要な哲学者の一人。ドイツ観念論の起点となった哲学者で、『純粋理性批判』『実践理性批判』『判断力批判』の三批判書を発表し、批判的（形式的）観念論、先験的観念論を創始。ケーニヒスベルク大学の哲学教授。

キルケゴール〈セーレン〉（Søren Aabye Kierkegaard／1813-1855）……170
デンマークの哲学者。現代実存哲学の創始者。哲学的にはヘーゲル、シェリングの観念論の批判から出発し、「単独者」「主体性」などの概念を中心に、人間固有の本質を追求する実存論的思索を展開した。『不安の概念』『死に至る病』等。

空海（くうかい／774-835）……91
平安時代の僧。弘法大師。真言宗開祖。遣唐使の長期留学を経て日本に真言密集をもたらし、高野山に金剛峰寺を開いた。最澄と並び平安時代の仏教を隆盛に導いた大宗教家。能書家としても三筆の一人。

楠木正成（くすのき・まさしげ／1294-1336）……255、268
南北朝時代の武将。後醍醐天皇の鎌倉幕府討伐に貢献。建武新政により河内守および摂津・河内・和泉三国の守護。足利尊氏が離反するやこれを九州に駆逐したが、再起した尊氏の大軍を湊川に迎え撃って敗死。明治になって湊川神社に祀られ、正一位を追贈された。

クロムウェル〈オリバー〉（Oliver Cromwell／1599-1658）……146、271
イギリスの軍人、政治家。幼少時からピューリタニズムの影響を受けた。ピューリタン革命が起きると自ら鉄騎隊を率いて戦闘に参加。チャールズ1世を追放後、処刑。共和制樹立の立役者となり、イングランド共和国初代護国卿となり、独裁権を振るう。アイルランド、スコットランドを制圧。航海法の発布、英国の海上制覇の基礎を固める。

ゲーテ〈ヨハン・ヴォルフガング・フォン〉(Johann Wolfgang von Goethe/1749-1832)……69、111、140、210
ドイツの詩人、作家。25歳のとき『若きウェルテルの悩み』で一躍名声を博し、詩、小説、戯曲などに数々の名作を生んだ。シラーとの交友を通じドイツ古典主義を確立。自然科学の研究にも業績をあげた。政治家としても活躍。他の主著に『ファウスト』『西東詩集』など。

小林一三(こばやし・いちぞう/1873-1957)……276
明治・昭和期の実業家。慶應義塾大学卒業。箕面有馬電気軌道を創立。乗客を集めるため宝塚少女歌劇団、阪急百貨店を創始し、私鉄経営に新機軸を打ち出した。東京電灯、東宝社長として関西財界の雄となる。第二次近衛内閣に商工相、幣原内閣に国務相として入閣。

【さ】

坂村真民(さかむら・しんみん/1909-2006)……277-279
仏教詩人。神宮皇學館卒業。愛媛県の高校教師をしながら詩作に励む。代表作の「念ずれば花ひらく」は多くの人の共感を呼び、その詩碑は日本各地に止まらず外国にも建てられている。森信三がその才覚を見込み、逸材と評価した。

サリンジャー〈ジェローム・デイヴィッド〉(Jerome David Salinger/1919-2010)……154
アメリカの小説家。『ライ麦畑でつかまえて』は、若者の孤独と人生の迷いという主題が読者の共感を呼び、全世界的に知られる代表作となる。他に『フラニーとゾーイ』等。

渋沢栄一(しぶさわ・えいいち/1840-1931)……206、207
実業家。第一国立銀行や東京商法会議所、東京証券取引所といった会社や経済団体の設立・経営に関わった。「日本資本主義の父」と称され、引退後は社会事業・教育に貢献した。『論語と算盤』他。

シャルダン〈ピエール・テイヤール・ド〉(Pierre Teilhard de Chardin/1881-1955)……19、50、53、133
フランスの地質学者、古生物学者、カトリック司祭、思想家。

『現象としての人間』でキリスト教的進化論を提唱し、伝統的カトリック界に波紋を呼んだ。宇宙起源の人間発生から、叡智の究極点「オメガ点」を目指す思想は、20世紀哲学に大きく影響を与えた。

十字架の聖ヨハネ（サン・フアン・デ・ラ・クルス）（San Juan de La Cruz／1542-1591）……45、251、252、271
スペインのカトリック神秘思想家、詩人、聖人。本名サン・フアン・デ・ラ・クルス。キリスト教神秘思想の著作で知られ、神と合一していく魂の過程を描いた『暗夜』や『カルメル山登攀』等の代表作がある。アビラの聖テレサと共にカルメル会の改革者として知られる。49歳にして病没。

シュレディンガー〈エルヴィン〉（Erwin Schrödinger／1887-1961）……20、21、146
オーストリアの理論物理学者。波動形式の量子力学である「波動力学」を提唱。次いで量子力学の基本方程式であるシュレディンガー方程式を築き、生理物理学を先導。ノーベル賞受賞。

聖徳太子（しょうとくたいし／574-622）……176、177
用明天皇の皇子。母は穴穂部間人皇女。推古天皇の皇太子、摂政となり、十二階冠位の制定、十七条憲法の発布、遣隋使の派遣などを行なう。内外の学問に通じ、仏教に帰依、多くの寺院を建立。

ジョン王（John／1166-1216）……176
プランタジネット朝第3代イングランド王。兄リチャード一世が没すると王位継承。仏王フィリップ二世、教皇インノケンティウス三世と戦って敗北。国内諸侯の怒りを招き、王権を制限するマグナ・カルタへの合意を余儀なくされた。

神武天皇（じんむてんのう）……176、177
記紀に伝えられる初代天皇。高天原より天津神の子として地上に降臨した瓊瓊杵尊の曾孫とされる。日向を出て瀬戸内海を東へ進み、大和を平定して前660年橿原宮で即位したと伝えられる。

親鸞（しんらん／1173-1263）……167
鎌倉時代の僧。浄土真宗の宗祖。法然の弟子。念仏弾圧より越後に流される。その後、絶対他力・悪人正機説を唱え、肉食妻帯の在家主義を肯定した。『歎異抄』は晩年の言行を弟子唯円らが記した。

積善の家には必ず余慶あり（せきぜんのいえにはかならずよけいあり）……203

『易経』の言葉。善行を積み重ねた家は、その報いとして子孫に必ず幸福が訪れるの意。

セルバンテス〈ミゲール・デ〉(Miguel de Cervantes／1547-1616)……25
スペインの作家。レパントの海戦、捕虜生活や入獄等、波瀾万丈の人生を生きながら名作を残した。小説形式を発展、革新的文学を確立し世界的に知られる。『ドン・キホーテ』等。

【た】

ダミアン神父(Father Damien／1840-1889)……279
ベルギーの宣教師、カトリック教会の聖人。ハワイに渡り、ホノルルで司祭に叙階。ハワイ政府がモロカイ島にハンセン病者のための診療所を設けると、志願して同島に渡り、病者や島民の世話に献身。自らも発病し、4年間の闘病ののち死去。「モロカイの英雄」と称される。カトリック教会の聖人として列聖。

田宮虎彦(たみや・とらひこ／1911-1988)……192
小説家。東京大学卒業。『足摺岬』『絵本』など孤独な知識人の青春を描いた半自伝的作品や、戊辰戦争から明治維新後の激動の時代の中で運命に翻弄される人々の苦悩を描いた『落城』『霧の中』などの歴史小説でも知られた。

田村隆一(たむら・りゅういち／1923-1998)……41
詩人、随筆家、翻訳家。明治大学卒業。詩誌『荒地』の創設に参加。戦争体験に裏づけられた文明批評を鮮明な心象風景として造形。『言葉のない世界』等。またアガサ・クリスティ、エラリー・クィーンなどの翻訳でも知られる。

ダン〈ジョン〉(John Donne／1572-1631)……41
イギリスの詩人。形而上詩人の先駆者とされる。代表作に『蚤』『日の出』がある。ヘミングウェイ『誰がために鐘は鳴る(For Whom the Bell Tolls)』のタイトルはダンの説教の一節から取られている。

道元(どうげん／1200-1253)……44
鎌倉初期の禅僧。曹洞宗の開祖。比叡山で天台宗を修め、次いで栄西に禅を学ぶ。入宋し曹洞禅を修め、帰朝後、坐禅第一主義による厳格な宋風純粋禅を唱えた。公武の権力者との結びつきを避け、越前に永平寺を創建し、弟子の養成に専念した。著書に『正法眼蔵』『学道用心集』等。

徳川家康(とくがわ・いえやす／1542-1616)……61
徳川初代将軍。織田信長と結んで駿河を、豊臣秀吉と和して関東を支配。秀吉の死後、関ヶ原の戦いで石田三成らを破り、征夷大将軍となって江戸幕府を開く。武家諸法度、禁中並公家諸法度を発布し、以後300年におよぶ幕藩体制の基礎を築いた。

ドストエフスキー〈フョードル〉（Fyodor Dostoevsky／1821-1881）……37、98、100、132、257
ロシアの大作家。革命に向かうロシア社会における、人間の深部と葛藤、情念を描き出した。体制批判の結社に加わり、逮捕・流刑を体験。社会・人間の深淵をえぐる文学は世界に知られる。『罪と罰』『悪霊』『カラマーゾフの兄弟』等。

トルストイ〈レフ〉（Lev Tolstoy／1828-1910）……98
19世紀ロシア文学を代表する小説家。クリミア戦争に従軍し、その体験を『セヴァストーポリ物語』に書いて認められる。退官後は農奴解放や文学活動に励んだ。晩年、放浪の旅に出て、途中の一寒村で病死。『戦争と平和』『アンナ＝カレーニナ』『告白』『復活』等。

【な】

ニーダム〈ジョセフ〉（Joseph Needham／1900-1995）……180
イギリスの生化学者、科学史家、キリスト教社会主義者。主著『中国の科学と文明』は中国文明だけではなく、非ヨーロッパ文明に対する知識人の見方を劇的に変化させた。

ニーチェ〈フリードリッヒ・ヴィルヘルム〉（Friedrich Wilhelm Nietzsche ／1844-1900）……142、188、189
ドイツの哲学者。バーゼル大学の古典文献学の教授。強者の主人道徳を説き、神の死を宣言してニヒリズムの到来を告げる。『悲劇の誕生』『反時代的考察』を著す。『ツァラトゥストラはかく語りき』『この人を見よ』で超人と永劫回帰思想を説き、生の哲学を打ち立て、実存哲学に大きく影響。

西田幾多郎（にしだ・きたろう／1870-1945）……200
哲学者。京都大学教授。禅の宗教性と生の哲学やドイツ観念論を融合する思想を「西田哲学」として理論化、近代日本を代表する哲学者として知られる。『善の研究』『自覚に於ける直観と反省』等。

日蓮（にちれん／1222-1282）……166
鎌倉期の僧。日蓮宗の開祖。安房の天台宗清澄寺で出家、是聖房蓮長と称した。建長5年立教開宗、このころ日蓮と改名。『立正安国論』を著し浄土教を非難、激しい弾圧を受け伊豆、佐渡に流される。赦免後は甲斐の身延山に隠棲し、弟子の育成に努めた。『開目抄』『観心本尊抄』等。

新渡戸稲造（にとべ・いなぞう／1862-1933）……192
教育家、農政学者。札幌農学校を卒業後、アメリカに留学、クエーカー教徒になる。帰国後札幌農学校教授、京都大学教授などを歴任。第一高等学校長時代は人格教育に努めた。その後、国際連盟書記局事務局次長として活躍。『武士道』『修養』等。

ニュートン〈アイザック〉（Isaac Newton／1643-1727）……26、27
イギリスの数学者、天文学者、物理学者。光のスペクトル分析、万有引力の法則、微積分法の三大発見をした。主著『プリンキピア』で運動の三法則、万有引力論などの力学大系を完成し、近代自然科学の範となった。その力学的自然観は、啓蒙思想に大きな影響を与えた。

ネルー〈ジャワハルラール〉（Jawaharlal Nehru／1889-1964）……66
インドの初代首相、インド独立運動の指導者。マハトマ・ガンディーとともに独立運動を主導した。その後、47年に独立を達成し、初代首相に就任。国際政治では非同盟運動提唱。

【は】

バークリー〈ジョージ〉（George Berkeley／1685-1753）……231
イギリスの哲学者、聖職者。すべての観念と知識は人間が経験を通じて形成するものだと主張。ジョン・ロックの経験論を承継。主著は『人知原理論』。20世紀経験論に大きな影響。

『葉隠』（はがくれ）……31-34、41、46-48、50、51、55、80、81、103-105、110-112、141、185、191、192、241、243、247-249、270、279
江戸中期の武士の修養書。全11巻。正しくは『葉隠聞書』。鍋島藩士山本常朝の談話を田代陣基が筆録した。藩主に仕える者の心構えや佐賀藩の歴史や習慣に関する知識や挿話が書かれているが、長く禁書となっていた。享保元年成立とされる。

芭蕉（ばしょう／1644-1694）……91
松尾芭蕉。俳聖。江戸で談林派などの俳諧を学び、「さび」「しおり」「細み」などを重んじる蕉風を開拓し、俳諧を芸術として確立した。蕉門十哲をはじめ多くの優れた門弟を輩出。各地に旅し、『奥の細道』『野ざらし紀行』ほか名句と紀行文を残した。

パスカル〈ブレーズ〉（Blaise Pascal／1623-1662）……35、44
フランスの数学者、物理学者、哲学者、神学者、発明家、実業家の一面もあった。「人間は考える葦である」などの多数の名文やパスカルの賭け等、多数の有名な思弁がある。遺稿集『パンセ』は有名。その他、三角形、原理、定理などの発見で知られる。

埴谷雄高（はにや・ゆたか／1909-1997）……36、37
小説家、評論家。左翼運動で検挙されて収監。『近代文学』創刊に参加、壮大な構想の観念小説『死霊』を連載。結核再発により中断、その後26年あけて『死霊』第5章を75年に発表（日本文学大賞を受賞）。第6～9章を14年かけて発表、未完となる。『幻視のなかの政治』『罠と拍車』等。

パンゲ〈モーリス〉（Maurice Pinguet／1929-1991）……46、80
フランスの哲学者、文化人類学者、日本学者。自殺、文学、日本の文化人類学を研究。また、フランスの知識人に日本を紹介する役割を担った。パリ高等師範学校卒業後、パリ大学教授、東京大学教授、東京日仏学院院長を歴任、ロラン・バルトを日本に招く。『自死の日本史』『テクストとしての日本』等。

平賀譲（ひらが・ゆずる／1878-1943）……115-118
日本の海軍軍人、工学者、造船技術者。東京帝大総長。大正時代から昭和初期にかけて海軍艦政本部で、多数艦艇設計に従事。妙高型重巡洋艦等も設計した。

ブーバー〈マルチン〉（Martin Buber／1878-1965）……210
オーストリア生まれのユダヤ系哲学者。カント、キルケゴール、ニーチェに親しみ、ウィーンで学ぶ。フランクフルト大学名誉教授。ナチスによって国外追放後、ヘブライ大学で教える。ハシディズムの復興に尽くし、ユダヤ・アラブ両民族の共存に努めた。代表作に『我と汝』『かくれた神』『対話的原理』等。

聖フランシスコ（Francesco／1182-1226）……278
フランシスコ会の創設者。守護聖人。キリストにならい清貧・貞潔・奉仕の生活を守り、「神の国」を説く。「キリストに最も近い聖者」として知られる。

プルースト〈マルセル〉（Marcel Proust／1871-1922）……98、100
フランスの作家。パリ大学入学後、社交界や文学サロンに出入り、短文集を出版、ラスキンを翻訳するなど文学的模索を続けた。母の死が転機となって大作『失われた時を求めて』を構想、死の数日前まで執筆を続けた。同作品は20世紀の小説の新時代を開き、内外の作家に大きな影響を与えた。

ブロッホ〈エルンスト〉（Ernst Bloch／1885-1977）……100
ドイツの哲学者。ユダヤ教的終末論とマルクス主義を融合させた独自の思想を展開。第一次大戦中スイスに亡命し、

『ユートピアの精神』、『希望の原理』は思想界に大きな影響。

ヘーゲル〈ゲオルク・ヴィルヘルム・フリードリッヒ〉(Georg Wilhelm Friedrich Hegel／1770-1831)……142、252
ドイツの哲学者。ドイツ観念論の体系的完成者と言われる。ルネサンス以来の近代思想を独自の観点から、論理学、自然哲学、精神哲学からなる三部構成の体系にまとめ上げた。自然や精神の世界を、弁証法的発展の過程として捉えた。『法の哲学』『歴史哲学』『精神現象学』等。

ベートーヴェン〈ルートヴィッヒ・ヴァン〉(Ludwig van Beethoven／1770-1827)……267、268
ドイツの作曲家。主にウィーンで活躍。ハイドン、モーツァルトから古典派様式を受け継ぎ、発展させて、独自の境地を開いた。ロマン派音楽の先駆。晩年は聴力を失いながらも、交響曲・協奏曲・ピアノソナタ・弦楽四重奏曲等に傑作を数多く残した。

【ま】

松下幸之助(まつした・こうのすけ／1894-1989)……70、75、83、84、87、88、91-93、99、107、108、123、136、138、170、171、277
実業家、パナソニックの創業者、ＰＨＰ研究所・松下政経塾創設者。家庭用の電気機器製作所から現在のパナソニックという大メーカーを築き上げ、「経営の神様」と呼ばれる。『道をひらく』『商売心得帖』等。

マルクス・アウレリウス(Marcus Aurelius／121-180)……46、228
古代ローマの皇帝。辺境諸民族との戦いに奔走する一方、ストア学派の哲学者としても知られ、哲人皇帝、五賢帝の一人とされた。中国とも交流し、『後漢書』に〈大秦王安敦〉とある。著書『自省録』はこの時代の文学・哲学の最高峰。

マレー〈ダグラス〉(Murray Douglas／1979-)……38、39
イギリスのジャーナリスト。イギリスを代表する雑誌『スペクテーター』のアソシエート・エディターを務める。新聞への多数の寄稿や講演など精力的に活動している。『西洋の自死』等。

三浦義一(みうら・ぎいち／1898-1971)……92
歌人、尊皇家。大分県出身。大亜義盟、国策社を結成。国家社会主義運動を推進。度重なる事件により収監されるも、日本の魂を和歌に書き続ける。戦後は政財界の黒幕と目され、財閥解体による三井家の危機を救う。東京日本橋の室町に事務所をかまえて室町将軍と呼ばれた。歌集『悲天』等。

三浦柳（みうら・りゅう／1957-）……92
歌人。三浦義一の孫で、詩人萩原朔太郎の妹津久井ユキの孫でもある。著書に『残心抄 祖父 三浦義一とその歌』、歌集『東京よ』がある。

三島由紀夫（みしま・ゆきお／1925-1970）……49、51、98、111、112
小説家、劇作家。東京大学法学部卒。古典主義的な緻密な構成と華麗な文体で独自の様式美を備えた文学世界を展開。唯美的傾向と鋭い批評精神の作品を発表。最期は国を憂い自衛隊市ケ谷駐屯地で割腹自殺を遂げた。代表作に『仮面の告白』『金閣寺』『豊饒の海』（四部作）等。

宮沢賢治（みやざわ・けんじ／1896-1933）……154、155
詩人、童話作家、宗教思想家。法華経の熱心な信者となり、農業研究者として献身。傍ら短歌や短編を発表。その後上京、創作を続け、病床の詩「雨ニモマケズ」や代表作『銀河鉄道の夜』『注文の多い料理店』等、多くの作品を残す。

宮本武蔵（みやもと・むさし／1584頃-1645）……144、271
江戸初期の剣客。美作国、または播磨国の生まれとされる。生涯六百余回の勝負に一度も敗れたことがないといわれ、巌流島での佐々木小次郎との決闘は有名。晩年、肥後熊本藩主細川家の客分となり、武道の奥義を説く『五輪書』等。水墨画にもすぐれ、『枯木鳴鵙図』等の作品がある。

ミルトン〈ジョン〉（John Milton／1608-1674）……146、147、271、272
イギリスの詩人、思想家。シェークスピアとともにイギリス文学を代表する二大詩人の一人。ピューリタン革命に参加、言論の自由を主張し、共和制政府に関与。王政復古後は詩作に没頭、失明するも口述で執筆活動に勤しんだ。『失楽園』『アレオパジェティカ』『闘士サムソン』等。

森鷗外（もり・おうがい／1862-1922）……98
小説家、評論家、翻訳家、陸軍軍医（軍医総監）。東大医学部卒業後、陸軍軍医となりドイツへ留学。軍医として日清戦争、日露戦争に従軍する一方、『舞姫』『ヰタ・セクスアリス』『青年』『雁』などを執筆。乃木希典大将の殉死に影響を受け、『阿部一族』『高瀬舟』など歴史小説を書きはじめ、さらに史伝小説『渋江抽斎』を書いた。翻訳に『ファウスト』。

森信三（もり・しんぞう〈のぶぞう〉／1896-1992）……178、179、281
哲学者・教育者。京都帝国大学で西田幾多郎に教えを受ける。教育においては「躾の三原則」「学校職場再建の三大原理」や主体的人間になるための立腰教育などを広めた。森信三の教えは学校や企業などで教育に活用されている。

モンテーニュ〈ミシェル・エケム・ド〉(Michel Eyquem de Montaigne)／1533-1592)
フランスの思想家、モラリスト。ボルドー高等法院評定官などを務めたのち、ボルドー市長。『エセー（随想録）』は柔軟な人間性、厳密な思考、古典的教養の古典的教養に裏打ちされた最高傑作。宗教戦争のただ中で鍛えられたその寛容の精神、教育思想は後世への影響が大きい。

【や】

安田靫彦〈やすだ・ゆきひこ〉／1884-1978)
明治・昭和時代の日本画家。文化勲章受章。小堀鞆音に入門し、紫紅会を結成。文展出品の「夢殿」で注目される。日本美術院の再興に参加。以後、歴史画を中心に新古典主義と呼ばれる高雅な画風の作品を院展などに発表。前田青邨と並ぶ日本画の大家となる。東京美術学校教授。「飛鳥の春の額田王」「黄瀬川陣」等。

ヤマトタケルノミコト〈日本武尊・やまとたけるのみこと〉
『古事記』『日本書紀』で活躍するわが国の古代伝説の代表的英雄。『古事記』では倭建命と記す。父である景行天皇の命で九州の熊襲、東国の蝦夷の討伐に遣わされたといわれ、風土記なども含めてさまざまな伝説が残っている。第14代仲哀

【ら】

ローレンツ〈コンラート〉(Konrad Lorenz／1903-1989)
オーストリアの動物行動学者。医学博士。コロンビア、ウィーン両大学で医学を学ぶ。動物行動を初めて古典手法から研究し、科学的に観察。ミュンヘン大学名誉教授。ノーベ

天皇の父。

山本常朝〈やまもと・じょうちょう〉／1659-1719)
江戸前期～中期の肥前佐賀藩士。9歳から約30年間藩主鍋島光茂の側近として仕える。光茂の死に際し、殉死もならず出家。佐賀藩士田代陣基に武士の心得として『葉隠』をまとめ、口述した。出家後、草庵のあった黒土原にて『葉隠』をまとめ、同所で没した。

吉田松陰〈よしだ・しょういん〉／1830-1859)
幕末の尊王攘夷の志士であり長州藩士。松下村塾を開き多くの明治維新の志士を育てた。江戸で佐久間象山に洋学を学ぶ。常に国内外の事情に注意し、米艦渡来の折、密航を企て投獄される。のち松下村塾を開くも、安政の大獄で処刑され、29歳の生涯を閉じた。

ル生理学・医学賞受賞。

ロラン〈ロマン〉(Romain Rolland/1866-1944)……98
フランスの作家、評論家。ソルボンヌ大学音楽史教授時代、『ジャン＝クリストフ』を執筆。スイスに住み、人道主義者として国際平和運動を先導。代表作に『魅せられたる魂』、ベートーヴェン、ミケランジェロの評伝等。15年ノーベル文学賞を受賞。

ロルカ〈フェデリコ・ガルシア〉(Federico García Lorca/1898-1936)……260、261
スペインの詩人、劇作家。『詩の本』を処女作として発表し、詩人としての地位を確立。その後、故郷アンダルシアの精神を劇的に著した『ジプシー歌集』で、独自の世界観を構築。劇作『血の婚礼』『イェルマ』等も有名。

参考文献

『「憧れ」の思想』（執行草舟著／PHP研究所）
『荒地』（T・S・エリオット著、岩崎宗治訳／岩波文庫）
『生くる』（執行草舟著／講談社）
『失われた時を求めて』（全14巻 プルースト著、吉川一義訳／岩波文庫）
『美しい星』（三島由紀夫著／新潮社）
『エセー』（全6巻 モンテーニュ著、原二郎訳／岩波文庫）
『おゝ、ポポイ！』（執行草舟著／PHP研究所）
『改訂葉隠』（上・下巻 城島正祥校注／新人物往来社）
『カラマーゾフの兄弟』（全4巻 ドストエフスキー著、米川正夫訳／岩波文庫）
『カルメル山登攀』（十字架の聖ヨハネ著、奥村一郎訳／ドン・ボスコ社）
『旧約聖書』（『聖書　口語訳』／日本聖書協会）
『現象としての人間』（ピエール・テイヤール・ド・シャルダン著、美田稔訳／みすず書房）
『古事記』（倉野憲司校注／岩波文庫）
『五輪書』（宮本武蔵著、渡辺一郎校注／岩波文庫）
『残心抄　祖父　三浦義一とその歌』（三浦柳著／PHP研究所）
『自省録』（マルクス・アウレーリウス著、神谷美恵子訳／岩波文庫）
『失楽園』（上・下巻 ジョン・ミルトン著、平井正穂訳／岩波文庫）
『純粋理性批判』（上・中・下巻　カント著、篠田英雄訳／岩波文庫）

『正法眼蔵』（『日本思想大系12・13道元』道元著、寺田透・水野弥穂子校注／岩波書店）
『死霊』（全3巻 埴谷雄高著／講談社文芸文庫）
『晋書』（越智重明著／明徳出版社）
『精神現象学』（ヘーゲル著、長谷川宏訳／作品社）
『生の悲劇的感情』（ミゲール・デ・ウナムーノ著、神吉敬三・佐々木孝訳、ヨハネ・マシア解説／法政大学出版局）
『生命とは何か—物理的にみた生細胞』（シュレーディンガー著、岡小天・鎮目恭夫訳／岩波文庫）
『西洋の自死』（ダグラス・マレー著、中野剛志解説、町田敦夫訳／東洋経済新報社）
『一九八四年』（ジョージ・オーウェル著、高橋和久訳／ハヤカワｅｐｉ文庫）
『善の研究』（西田幾多郎著／岩波文庫）
『荘子』（全4巻 金谷治訳注／岩波文庫）
『歎異抄』（金子大栄校注／岩波文庫）
『罪と罰』（上・下巻 ドストエフスキー著、米川正夫訳／角川文庫）
『ドン・キホーテ』（全6巻 セルバンテス著、牛島信明訳／岩波文庫）
『ドン・キホーテとサンチョの生涯』（ミゲール・デ・ウナムーノ著、アンセルモ・マタイス・佐々木孝訳／法政大学出版局）
『人間—この未知なるもの』（アレキシス・カレル著、渡部昇一訳・解説／三笠書房）
『葉隠入門』（三島由紀夫著／新潮社）
『パンセ』（上・中・下巻 パスカル著、塩川徹也訳／岩波文庫）
『悲願へ—松下幸之助と現代』（執行草舟著／ＰＨＰ研究所）
『悲天』（三浦義一著／講談社エディトリアル）
『武士道』（新渡戸稲造著、矢内原忠雄訳／岩波文庫）

『プリンキピア──自然哲学の数学的原理』（ニュートン著、中野猿人訳注／講談社）
『ベラスケスのキリスト』（ミゲール・デ・ウナムーノ著、執行草舟監訳、安倍三﨑訳／法政大学出版局）
『萬葉集』（『日本古典文学大系4・5・6・7』高木市之助・五味智英・大野晋校注／岩波書店）
『萬葉集古義』（全12巻 鹿持雅澄著／国書刊行会）
『萬葉集の精神──その成立と大伴家持』（保田與重郎著／筑摩書房）
『老子解義』（簡野道明著／明治書院）
『論語と算盤』（渋沢栄一著／角川ソフィア文庫）
『若きウェルテルの悩み』（ゲーテ著、高橋義孝訳／新潮文庫）
『我と汝・対話』（マルティン・ブーバー著、植田重雄訳／岩波文庫）

執行草舟
（しぎょう・そうしゅう）
昭和25年、東京生まれ。立教大学法学部卒。著述家、実業家。生命の燃焼を軸とした生き方を実践・提唱している生命論研究者。また、独自の美術事業を展開しており、執行草舟コレクション主宰、戸嶋靖昌記念館館長を務める。蒐集する美術品には、安田靫彦、白隠、東郷平八郎、南天棒、山口長男、平野遼等がある。魂の画家・戸嶋靖昌とは深い親交を結び、画伯亡きあと全作品を譲り受け、記念館を設立。その画業を保存・顕彰し、千代田区麹町の展示室で公開している。
著書に『超葉隠論』『人生のロゴス』（いずれも実業之日本社）、『生くる』『友よ』『根源へ』『脱人間論』（以上講談社）、『おゝポポイ!』『現代の考察』（いずれもPHP研究所）など多数。実業之日本社から刊行の「草舟言行録シリーズ」は『日本の美学』に続き本書が2作目となる。

草舟《そうしゅう》言行録《げんこうろく》 II
人間《にんげん》の運命《うんめい》
2023年7月27日　初版第1刷発行

著者
執行草舟
発行者
岩野裕一
発行所
株式会社実業之日本社
〒107-0062　東京都港区南青山6-6-22　emergence 2
TEL 03-6809-0473（編集）／03-6809-0495（販売）
https://www.j-n.co.jp/
印刷・製本
大日本印刷株式会社

ISBN978-4-408-65046-3（第二書籍） ©Sosyu Shigyo 2023 Printed in Japan

本書の一部あるいは全部を無断で複写・複製（コピー、スキャン、デジタル化等）・転載することは、
法律で定められた場合を除き、禁じられています。
また、購入者以外の第三者による本書のいかなる電子複製も一切認められておりません。
落丁・乱丁（ページ順序の間違いや抜け落ち）の場合は、ご面倒でも購入された書店名を明記して、
小社販売部あてにお送りください。送料小社負担でお取り替えいたします。
ただし、古書店等で購入したものについてはお取り替えできません。定価はカバーに表示してあります。
小社のプライバシー・ポリシー（個人情報の取り扱い）は上記ホームページをご覧ください。